PROVERBES

DRAMATIQUES.

PROVERBES

DRAMATIQUES.

TOME HUITIEME.

A AMSTERDAM,

Et se trouve à PARIS, chez ESPRIT au Palais Royal, & chez LAPORTE, Libraire, Rue des Noyers.

M. DCC. LXXXI.

TABLE

DES PROVERBES

Contenus dans ce huitieme Volume.

LES ENNUIS

DE

LA CAMPAGNE.

QUATRE-VINGT-TREIZIEME PROVERBE.

Tome VIII.   A

PERSONNAGES.

Mᴇ. DE CLAIRAS.
Mᴇ. DE RESAN.
M. DE CLAIRAS.
LE CHEVALIER DE CORSI.
L'ABBE' CONSERVE.
M. TRAGIQUIN, *Comédien.*
DUBOIS, *Valet-de-chambre.*
LA BRISEE, *Garde-de-chasse.*

La Scene est à la campagne, chez M. de Clairas.

LES ENNUIS

DE

LA CAMPAGNE.

PROVERBE.

SCENE PREMIERE.

Me. DE CLAIRAS, Me. DE RESAN.

Me. DE RESAN.

Vous voyez bien, Madame de Clairas, que nous avons eu tort de nous preſſer de deſcendre dans le ſallon, puiſqu'il n'y a perſonne.

Me. DE CLAIRAS.

Mais vous ſavez bien que voilà comme ſont ces Meſſieurs ; ils ſe plaignent toujours qu'on ne peut pas nous tirer de nos chambres , & je voudrois favoir pourquoi faire ; car fi nous travaillons , cela les ennuie.

Me. DE RESAN.

Oui , ils veulent qu'on ne foit occupée que d'eux , & ils ne font rien pour vous plaire ; je vous avoue que fouvent les hommes m'impatientent.

Me. DE CLAIRAS.

Sur-tout les maris ; ils fe croient en droit de vous contrarier fans ceffe , & fur tout. Par exemple , ne trouvez-vous pa bien agréable d'être à la campagne par le temps qu'il fait ?

Me. DE RESAN.

Ces Meffieurs veulent chaffer.

Me. DE CLAIRAS.

Oui , & pendant ce temps-là nous ne profitons pas de nos petites loges.

Me. DE RESAN.

Si du moins ils cherchoient à nous amufer.

Me. DE CLAIRAS.

Bon ! ils y penfent bien : ils caufent entr'eux.

Me. DE RESAN.

Et quand une fois ils ont entamé une converfation fur la guerre , il y a pour en mourir d'ennui.

Me. DE CLAIRAS.

Et la chaffe donc ?

ME. DE RESAN.

Eſt-ce qu'ils n'y ont pas fait aller aujourd'hui l'Abbé Conſerve.

ME. DE CLAIRAS.

J'ai cru qu'il s'étoit échappé pour aller dîner chez la Vicomteſſe de Roſe-feche, que je ne peux pas ſouffrir.

ME. DE RESAN.

Je penſe bien comme vous. C'eſt une créature odieuſe, avec toutes ſes prétentions à l'eſprit ; elle ne parle que de vers, décide de tous les ouvrages nouveaux, & elle ne fait jamais ce qu'elle dit.

ME. DE CLAIRAS.

L'Abbé l'aime à la folie, avec tout cela.

ME. DE RESAN.

Parce qu'elle lui trouve beaucoup d'eſprit. J'ai pourtant vu un moment où il étoit brouillé avec elle.

ME. DE CLAIRAS.

C'eſt qu'elle avoit trouvé mauvais des vers qu'il avoit fait pour moi.

ME. DE RESAN.

Ah ! voilà ce que c'eſt. Il vouloit s'en venger, & pour cela, il avoit fait le plus mauvais logogriphe du monde, qu'il vouloit faire mettre dans le Mercure ſous le nom de la Vicomteſſe.

A 3

Me. DE CLAIRAS.

Cela auroit été délicieux ! A propos , il avoit promis de nous faire un Proverbe pour ce foir.

Me. DE RESAN.

Il y travaille peut-être. Ah ! voilà le Chevalier.

SCENE II.

Me. DE CLAIRAS, Me. DE RESAN, LE CHEVALIER.

Me. DE RESAN.

Chevalier , qu'avez-vous fait de l'Abbé Conferve ?

LE CHEVALIER.

Bon ! nous l'avions pofté à merveilles au coin du bois de Cherfi , où même le fanglier a paffé ; il s'eft ennuyé de l'attendre , & il nous a laiffé.

Me. DE CLAIRAS.

Il a bien fait.

LE CHEVALIER.

Point du tout ; car il l'auroit peut-être tué , & il auroit évité ce qui eft arrivé à Clairas.

Me. DE CLAIRAS.

Comment donc ?

LE CHEVALIER.

J'étois à la croisée du chemin qui va au pont, Clairas étoit posté au poteau de la fontaine ; j'entends quelque chose qui me dépasse, que je ne vois pas, & qui va de son côté ; je lui crie : A toi, Clairas. Il tire, & c'est sur sa chienne.

Mᵉ. DE CLAIRAS

Diane ?

LE CHEVALIER.

Oui vraiment.

Mᵉ. DE CLAIRAS.

J'en suis bien aise. Cette vilaine bête-là venoit toujours s'étendre devant le feu, & elle nous infectoit.

LE CHEVALIER.

Oh, mais ne vous réjouissez pas tant ; car ce ne sera rien.

Mᵉ. DE RESAN,

Quel malheur vous est-il donc arrivé ?

LE CHEVALIER.

Que nous avons manqué notre sanglier, qui, pendant que nous étions occupés de la chienne, a gagné le bois de Roumant.

Mᵉ. DE CLAIRAS.

Si ce n'est que cela, je ne m'en soucie guere.

Mᵉ. DE RESAN.

Mais l'Abbé, où est-il ?

LE CHEVALIER.

Dans fa chambre. Pendant que je m'habillois, je l'ai entendu qui faifoit des éclats de rire !...

Me. DE CLAIRAS.

Quoi ! tout feul ?

LE CHEVALIER

Oui, vraiment. J'ai été voir à propos de quoi; il m'a dit : Ne me troublez pas ; cela fera charmant, & il barbouille actuellement du papier avec une facilité incroyable.

Me. DE RESAN.

C'eft apparemment le Proverbe qu'il nous a promis.

LE CHEVALIER.

Oui; car il m'a dit qu'il me faifoit un rôle...

Me. DE CLAIRAS.

Toujours charmant, comme il dit?

LE CHEVALIER.

Sûrement.

Me. DE RESAN.

Ah ! le voilà.

SCENE III.

Mᴇ. DE CLAÏRAS, Mᴇ. DE RESAN, LE CHEVALIER, L'ABBE'.

Mᴇ. DE CLAIRAS.

Eʜ bien, l'Abbé, le Proverbe que vous nous aviez promis ?

L'ABBE'.
Il est fait. Il fera charmant !

LE CHEVALIER.
Je vous l'avois bien dit, Mesdames.

Mᴇ. DE RESAN.
Voyons, voyons ce que c'est.

L'ABBE'.

Mais c'est qu'il faudroit que ceux qui doivent y jouer fussent tous ici.

Mᴇ. DE CLAIRAS.

Qu'est-ce qu'il vous faut, l'Abbé?

L'ABBE'.

Mais vous, Mesdames, premiérement ; le Chevalier, Monsieur de Clairas, le Baron & moi ; je vous dis cela sera charmant !

ME. DE CLAIRAS.

Quel rôle me donnez-vous, à moi ?

L'ABBE'.

Celui d'une coquette. C'eſt un rôle charmant !

ME. DE RESAN.

Et moi ?

L'ABBE'.

Une vieille bavarde.

LE CHEVALIER.

Ce ſera un rôle charmant, l'Abbé ?

L'ABBE'.

Oui, charmant ! toi, un homme qui danſe toujours, & qui caſſe tout.

LE CHEVALIER.

Fort bien. Et Clairas ?

L'ABBE'.

Un homme de mauvaiſe humeur, que tout le monde impatiente.

ME. DE CLAIRAS.

Ce rôle-là eſt très-bon pour mon mari.

L'ABBE'.

Vous verrez s'il ne ſera pas charmant ! le Baron ſera un diſtrait.

ME. DE RESAN.

Ah çà, le fond du Proverbe, qu'eſt-ce que c'eſt ?

L'ABBE'.

Vous allez voir ; mais c'eſt qu'il faudroit attendre que tous ceux qui doivent jouer fuſſent ici.

ME. DE CLAIRAS.

Qu'eſt-ce que cela fait ?

ME. DE RESAN.

Dites-nous le mot du Proverbe.

L'ABBE'.

A bon Entendeur ſalut. Je crois qu'il eſt charmant le mot ; hem , qu'en dites-vous ?

LE CHEVALIER.

Sans doute, charmant ! On peut faire beaucoup de choſe là-deſſus.

L'ABBÉ.

Ah ! pas tant.

ME. DE RESAN.

Dites donc , l'Abbé ? vous êtes odieux !

L'ABBÉ.

Ne vous fâchez pas. La coquette eſt à ſa toilette.

ME. DE CLAIRAS.

L'Abbé , comment faudra-t-il que je ſois habillée ?

L'ABBE'.

Mais , comme on eſt à ſa toilette.

Me. DE CLAIRAS.

Attendez , il faut favoir fi j'ai mon peignoir de gaze.

L'ABBE'.

Cela eft égal.

Me. DE CLAIRAS.

Eh non, non, cela n'eft pas égal. Chevalier, fonnez un peu ; qu'on me faffe venir Mademoi-felle Julie.

L'ABBE'.

Après que j'aurai fini , Madame, s'il vous plaît. Vous êtes donc à votre toilette.

Me. DE CLAIRAS.

Pourrois-je avoir un chapeau à l'Angloife ? je les aime a la folie.

L'ABBE'.

Mais , Madame , c'eft que....

Me. DE CLAIRAS.

Ah ! je vous en prie, l'Abbé, qu'eft-ce que cela vous fait ?

L'ABBE'.

Mais tout. Vous mettez vos diamans.

Me. DE CLAIRAS.

Les vôtres font mieux montés que les miens , vous me les prêterez, Madame.

Me. DE RESAN.

Sans doute.

Me. DE CLAIRAS.

Allons, l'Abbé, je mettrai donc ce chapeau que j'avois avant hier.

L'ABBE'.

La Marquise de Roquentin arrive, & raconte une histoire, qui est précisément la vôtre.

Me. DE RESAN.

J'aurai un collet monté, l'Abbé, celui avec lequel j'ai joué la gouvernante dans le Magnifique ?

L'ABBE'.

Mais non, Madame, on est habillé à la Françoise.

Me. DE RESAN.

Oh, pardonnez-moi, je mettrai même une petite pointe noire, cela coëffe à merveilles.

L'ABBE'.

Mais ce n'est point là le costume.

Me. DE RESAN.

Je ne jouerai pas le rôle sans cela, d'abord.

LE CHEVALIER.

Mais, Mesdames, vous ne saurez jamais le Proverbe, si vous l'arrêtez toujours.

Me. DE CLAIRAS.

C'est qu'il est nécessaire de savoir comment nous nous habillerons. Allons, finissez donc, l'Abbé.

L'ABBE'.

Oh, mais vous ne favez encore rien. La Coquette, qui ne fe reconnoît pas d'abord, à ce que lui dit la bavarde, paffe toutes les femmes de Paris en revue ; vous fentez que vous aurez là de quoi faire des portraits charmants !

Me. DE CLAIRAS.

Madame, fi je mettois cette robe que vous favez ?

Me. DE RESAN.

Oui, fous un peignoir, le couleur de rofe fera à merveilles. Moi, je mettrai ma robe capucine rayée de verd.

Me. DE CLAIRAS.

Elle aura l'air couleur de rofe & verd à la lumiere.

Me. DE RESAN.

Vous avez raifon ; je penfe que j'en ai une autre qui fera très-bien.

L'ABBE'.

Mefdames, fi vous voulez m'arrêter à chaque inftant, je ne peux pas vous expliquer....

Me. DE CLAIRAS.

Nous vous entendons, continuez toujours.

LE CHEVALIER.

Attendez, l'Abbé, voici Clairas.

L'ABBE'.

C'eſt bon. Si nous pouvions avoir le Baron à préſent.

SCÉNE IV.

Mᵉ. DE CLAIRAS, Mᵉ. DE RESAN, M. DE CLAIRAS, LE CHEVALIER, L'ABBÉ.

Mᵉ. DE CLAIRAS.

Arrivez donc, Monſieur; l'Abbé n'a qu'un cri après vous.

M. DE CLAIRAS.

Oui, c'eſt un joli ſujet, il eſt cauſe que nous avons manque notre ſanglier.

Mᵉ. DE RESAN.

Allons, Monſieur de Clairas, laiſſez-là votre chaſſe, & écoutez le Proverbe de l'Abbé.

M. DE CLAIRAS.

Et ma chienne ſera peut-être eſtropiée encore.

Mᵉ. DE CLAIRAS.

Vous ne croyez donc pas qu'elle en mourra?

M. DE CLAIRAS.

Je ſuis bien ſûr que non.

Me. DE CLAIRAS.

En ce cas-là, c'est comme rien.

M. DE CLAIRAS.

Comment rien ? & si elle ne peut plus chaſſer ?

Me. DE CLAIRAS.

Oh ! je m'entends bien.

M. DE CLAIRAS.

C'eſt-à-dire, que vous voudriez qu'elle fût morte ; c'eſt aſſez que je l'aime pour. . . .

Me. DE RESAN.

Vous allez-vous quereller ? Nous n'avons pás pas de temps à perdre. L'Abbé, continuez donc.

L'ABBÉ.

J'en étois, je crois, à la converſation de la toilette.

M. DE CLAIRAS.

Encore le garde n'a ſu ce qu'il faiſoit ; il avoit mis des écliſſes trop courtes.

L'ABBE'.

Madame de Roquentin dit donc à la Coquette...

M. DE CLAIRAS.

Ils n'ont jamais voulu aller chercher le pere de l'aſſemblée, qui s'y entend mieux qu'eux tous.

Me. DE RESAN.

Quoi ! c'eſt toujours votre chienne qui vous occupe ?

M.

M. DE CLAIRAS.

Je parie qu'on vient me dire que tout cela va
à la diable. La pefte foit des gens !

SCENE V.

Me. DE CLAIRAS, Me. DE RESAN, M. DE
CLAIRAS, LE CHEVALIER, L'ABBE',
DUBOIS.

Me. DE CLAIRAS.

Hé bien, qu'eft - ce qu'il y a, Dubois, fera-
t-elle eftropiée ?

DUBOIS, *riant.*

Eftropié, Madame, sûrement.

M. DE CLAIRAS.

Qu'eft-ce que tu dis ? Il m'avoit affuré que non.

DUBOIS, *riant.*

Vous allez voir, Monfieur.

M. DE CLAIRAS.

Comment, voir ?

DUBOIS, *riant.*

Que je ne me trompe pas. Il n'a point de bras.

M. DE CLAIRAS.

Qui ?

Tome VIII. B

DUBOIS, *riant.*

Un Monſieur qui vous demande ; c'eſt un drôle de corps toujours.

M. DE CLAIRAS.

Je crois qu'il eſt devenu fou.

DUBOIS, *riant.*

Je le crois auſſi. Il a une canne.

M. DE CLAIRAS.

Une canne ?

DUBOIS, *riant.*

Oui, Monſieur, & un manchon.

M. DE CLAIRAS.

Qui donc ?

DUBOIS, *riant.*

Il eſt là ; ſi vous voulez je le ferai entrer.

M. DE CLAIRAS.

Je n'y comprends rien, & il m'impatiente avec ſes ris immodérés.

DUBOIS, *riant.*

Dame, Monſieur, ce n'eſt pas ma faute.

Me. DE CLAIRAS.

Faites entrer, au lieu de vous fâcher.

Me. DE RESAN.

Sans doute ; Madame de Clairas a raison, vous saurez ce que c'est.

M. DE CLAIRAS.

Allons, fais ce que ces Dames veulent.

DUBOIS.

Vous allez voir. Entrez, Monsieur. (*Il rit.*)

SCENE VI.

Me. DE CLAIRAS, Me. DE RESAN, M. DE CLAIRAS, LE CHEVALIER, L'ABBÉ, M. TRAGIQUIN, *sans bras, avec un manchon & une canne attachée à sa boutonniere.*

M. DE CLAIRAS.

Qu'est-ce qu'il y a, Monsieur, que demandez-vous ?

M. TRAGIQUIN.

Monsieur, j'ai l'honneur de me présenter à vous pour vous offrir mes services.

M. DE CLAIRAS.

Et quel homme êtes-vous ?

B 2

M. TRAGIQUIN.

Monfieur, je fuis Comédien ; & comme nous paffons ici avec toute la troupe , nous ferions très-flattés fi nous pouvions avoir l'honneur d'amufer l'honorable compagnie qui eft dans ce château.

LE CHEVALIER.

Eft-ce vous, Monfieur, qui êtes le directeur ?

M. TRAGIQUIN.

Oui, Monfieur, à vous fervir.

Me. DE RESAN.

Monfieur, qu'eft-ce qui fait les premiers rôles dans votre troupe ? eft-ce un homme bien fait, de jolie figure ?

M. TRAGIQUIN.

Oui, Madame, c'eft moi.

LE CHEVALIER.

Eh ! comment faites-vous pour jouer la comédie fans bras ? Cela doit être curieux.

M. TRAGIQUIN.

Ah ! Monfieur, rien n'eft plus aifé ; c'eft l'habitude qui fait tout. Dans notre troupe , nous fommes tous invalides.

LE CHEVALIER.

Invalides ?

M. TRAGIQUIN.

Oui , Monfieur.

L'ABBÉ.

Et vos actrices , font-elles jolies ?

M. TRAGIQUIN.

Monfieur l'Abbé , à quelques petits défauts près, ces Dames ne font pas indifférentes.

Me. DE CLAIRAS

Monfieur , comment vous appellez-vous ?

M. TRAGIQUIN.

Tragiquin , Madame , à vous obéir.

LE CHEVALIER.

Quels font les autres acteurs , Monfieur Tra-giquin ?

M. TRAGIQUIN.

Monfieur , nous avons Mademoifelle Pleure-miette pour les princeffes & les grandes amou-reufes ; Monfieur Paniards pour les rois & les payfans , & Monfieur Naziliard pour les confi-dents & les valets.

Me. DE CLAIRAS.

Monfieur , pourriez-vous nous donner quelque chofe aujourd'hui ?

M. TRAGIQUIN.

Oui, Madame, vous n'avez qu'à ordonner.

Me. DE RESAN.

Je meurs d'envie de les voir ; mais je voudrois du tragique.

M. TRAGIQUIN.

Rien n'est plus aisé, Madame.

M. DE CLAIRAS.

Une tragédie seroit bien longue.

M. TRAGIQUIN.

Monsieur, nous en avons une en un acte, que vous ne connoissez peut-être pas.

LE CHEVALIER.

Comment l'appellez-vous ?

M. TRAGIQUIN.

Criardus & Scandée, Monsieur.

L'ABBE'.

Vous avez raison, je ne connois pas cela.

M. TRAGIQUIN.

Elle est du célebre Monsieur André le Perruquier, qui a fait le Tremblement de terre de Lisbonne.

Me. DE RESAN.

Ah ! Monsieur de Clairas , il faut qu'ils nous donnent cette piece-la ce soir.

M. DE CLAÏRAS.

Et vous avez le Proverbe de l'Abbé.

Me. DE RESAN.

Perſonne ne le ſait , nous le jouerons demain ; nous aurons plus de temps pour nous préparer. Je vous en prie.

M. DE CLAÏRAS.

Si vous étiez ſûre que cela fût bon encore. . . .

M. TRAGIQUIN.

Monſieur , Monſeigneur l'Intendant de , de . . . j'ai oublié ſon nom, nous l'a fait jouer trois fois de ſuite.

M. DE CLAÏRAS.

Cela prouve beaucoup.

Me. DE RESAN.

Allons, dites donc, Monſieur de Clairas ?

M. DE CLAÏRAS.

Un moment, je vous prie , Madame, voilà peut-être des nouvelles de ma chienne.

B 4

SCENE DERNIERE.

LES ACTEURS PRÉCÉDENTS, LA BRISÉE.

M. DE CLAIRAS.

Eh bien, qu'eſt-ce qu'il y a, la Briſée?

LA BRISE'E.

Monſieur, le Pere de l'aſſemblée a viſité Diane; il ne lui a trouvé rien de caſſé, & il dit que
dans deux jours elle ne boîtera ſeulement pas.

M. DE CLAIRAS.

Eſt-il encore ici?

LA BRISE'E.

Oui, Monſieur.

M. DE CLAIRAS.

Je m'en vais lui parler.

Me. DE RESAN.

Monſieur de Clairas, en réjouiſſance de la
la ſanté de votre chienne, nous aurons la tragédie, n'eſt-ce pas?

M. DE CLAIRAS.

Madame, je n'ai rien à vous refuſer. (*Il ſort
avec la Briſée.*)

Me. DE CLAIRAS.

Monſieur Tragiquin, allez vous apprêter, faites-vous conduire au théatre, & demandez tout
ce dont vous aurez beſoin.

LE CHEVALIER.

Je vais lui faire parler au Concierge.

Me. DE CLAIRAS.

Vous ferez bien, Chevalier. L'Abbé, nous
jouerons demain votre Proverbe.

L'ABBE'.

·La tragédie, Madame, doit toujours avoir
le pas.

Me. DE RESAN.

Allons, Madame, allons annoncer cette re-
préſentation à tout le monde.

CRIARDUS

ET

SCANDÉE,

TRAGÉDIE.

QUATRE-VINGT-QUATORZIEME PROVERBE.

PERSONNAGES.

POIGNARDIN, *Roi de l'Isle*
de Chypre :
Jambe de bois, & deux bé-
quilles.

SCANDÉE , *Princesse Co-*
rinthienne :
Aveugle menée par un chien.

CRIARDUS , *Prince Corin-*
thien :
Sans bras , gesticulant avec
jambes.

TROTAS , *Confident de*
Criardus :
Cul-de-jatte.

GARDES *de Poignardin.*
Estropiés différemment.

en grands habits
tragiques.

La Scene est dans le Palais de Poignardin.

CRIARDUS

ET

SCANDÉE.

PROVERBE.

SCENE PREMIERE.

CRIARDUS, TROTAS.

CRIARDUS, *gesticulant avec les jambes.*

DEPUIS long-temps, Trotas, je parcours ce
    palais,
Sans savoir où je suis, sans savoir où je vais.

TROTAS.

C'est l'usage, Seigneur.

CRIARDUS.

    Quand j'ai quitté Corinthe,
Croyois-je pour mes feux que j'aurois quelque
    crainte ?

TROTAS.

On traîne ses malheurs, en croyant qu'on les fuit.

CRIARDUS.

Un songe trop cruel sans cesse me poursuit.

TROTAS.

Détestez votre sort.

CRIARDUS.

　　　　Quel coup pour ma tendresse !
Je vois en d'autres bras ma divine Princesse !
Je ne puis de mon cœur bannir l'amour jaloux.
Destin, cruel Destin, ce sont là de tes coups !

TROTAS.

Je vous cache un secret, hélas ! . . .

CRIARDUS.

　　　　Quoi ! tu soupire ?
Quel sujet ? instruis-moi.

TROTAS.

　　　　Non, je ne puis le dire.

CRIARDUS.

Pourquoi dissimuler ?

TROTAS.

　　　　Je songeois aux tourments,
Aux soupçons, aux ennuis, à la flamme, aux
　　　　amants,
A ce qui peut troubler une ame trop sensible,

A tout ce que l'amour a de doux, de terrible,
A ce qui doit caufer le plus grand défefpoir.

CRIARDUS.

Que dis-tu, cher Trotas; quoi! ne puis-je favoir...

TROTAS.

Non, je ne puis parler.

CRIARDUS.

    Quelle douleur te preffe ?
Faut-il mourir ? mourons.... Oui ; mais fans la
  Princeffe ?

TROTAS.

Il n'y faut plus penfer.
(*Il fe renverfe en arriere, & tombe fur le dos.*)

CRIARDUS, *le relevant avec le pied.*

    O ciel ! quoi donc, Trotas ?
Qu'eft-elle devenue ? Allons, viens, fuis mes pas.
Je ne faurois refter dans cette incertitude,
Marchons, courons, volons....

TROTAS.

    Dans votre inquiétude
Je dois vous arrêter ; écoutez mon récit.

CRIARDUS.

Ah ! je n'y penfois pas.

TROTAS.

    Je ne perds pas l'efprit ;

D'un confident difcret c'eft l'ufage ordinaire ;
Puifque je dois parler, je ne veux pas me taire.
Daignez m'entendre, enfin.

CRIARDUS.

Approchez ce fauteuil ;
Auffi bien, cette nuit, je n'ai pas fermé l'œil.

TROTAS, *traînant le fauteuil.*

C'eft donc le fpectateur qu'ici je vais inftruire :
De grace, écoutez-moi.

CRIARDUS.

Eh ! que veux-tu me dire ?
Tu ne peux adoucir le fort le plus affreux.

TROTAS.

Non ; mais je dois parler de l'objet de vos feux.
Je reprends d'un peu haut. Lorfque pour la Prin-
cefſe
Je vous vis de l'amour, je fus dans la détreffe ;
Je prévoyois les maux qui menaçoient vos jours.

CRIARDUS.

Mais quoi, tu ne dis rien, & tu parles toujours !

TROTAS.

Votre amour pour Scandée enflamma de colere
Un pere qui vous aime, un roi que l'on révere,
Et qui vous deftinoit . . . .

CRIARDUS.

Un objet odieux !

TROTAS.

TROTAS.

Parce que votre cœur aimoit en d'autres lieux.
Avec Scandée, enfin, vous fuyez votre pere :
Nous abordons ici ; qu'y prétendez-vous faire ?
L'Empereur Poignardin a de l'efprit , des yeux ,
Et pour ne pas aimer , il n'eft pas affez vieux :
Auprès de la Princeffe il paroît qu'il s'enflamme.
Ah ! craignez que l'amour n'embrafe trop fon
    ame . . . .

CRIARDUS.

Craindrois-je que Scandée...

TROTAS.

                Elle pourroit changer ;
J'en fais plus d'un exemple. Il y faudroit fonger.

CRIARDUS.

De quels foupçons cruels veux-tu ternir fa gloire ?
Malheureux ! que fais-tu ? Non, je ne puis le croire.

TROTAS.

Je dis que je le crains.

CRIARDUS.

           Rejettons loin de nous...
Tu périras , tyran , redoute mon courroux :
Mon bras armé , fur toi vengera cet outrage.

TROTAS.

Ah ! Seigneur, arrêtez ; s'il entend ce tapage . . .

On vient : si c'étoit lui, songez à filer doux,
Pensez à la princesse, enfin pensez à vous.

CRIARDUS.

Puis-je ne pas crier dans ma juste colere ?

TROTAS.

Faut-il pour étonner devenir téméraire ?

CRIARDUS.

De l'honneur s'il vouloit ainsi trahir la foi . . .
A force de poûmons je lui ferai la loi.

TROTAS.

Si vous vous enrouez . . .

SCENE II.

SCANDE'E, CRIARDUS, TROTAS.

SCANDE'E, *menée par un chien à la coulisse.*

Prince, de ma tendresse
Je viens vous assurer; mais, Dieux ! quelle tristesse !
(*Trotas la mene par sa robe à Criardus.*)
Amour, protége moi, protége mon vainqueur !
Mais que vois-je, grand Dieu ! quelle est cette
        fureur ?
Quel farouche regard ! d'où vient cette colere ?

Vous ne répondez point : quel funefte myftere !
Je comptois avec vous adoucir mes douleurs ,
Serois-je feule , hélas à répandre des pleurs ?
O mon cher Criardus ! parlez : que vais - je
    entendre ?

CRIARDUS.

Depuis long-temps ici je fuis à vous attendre ;
Mais Poignardin, Madame , ailleurs vous retenoit ;
De fon amour , fans doute , il vous entretenoit :
Qu'il eft heureux ! il aime , & vous le laiffez faire.
Qui l'eût dit qu'un rival , un jour , pourroit vous
    plaire ?
Que vous méprifëriez un amant tel que moi ?
Que vous pourriez, un jour , me préférer le Roi ?·

SCANDE'E.

O ciel ! qui moi ? Seigneur !

CRIARDUS.

       Ne feignez plus , Madame ,
Après tant de ferments vous trahiffez ma flame !
Je vais fuir de ces lieux ; j'abjure mon amour.

SCANDE'E.

Où courez-vous , Seigneur ?

CRIARDUS.

       Je vais perdre le jour.

SCANDE'E.

Vous me quittez, c'eft vous qui me fuyez , barbare.

CRIARDUS.

Ingrate! je vous fuis pour defcendre au Tartare;
Les tourments de l'enfer feront plus doux pour
　　moi
Que la préfence, hélas! d'une femme fans foi.

SCANDE'E.

Soutiens moi donc, Trotas.
　　　　(*Elle tombe dans les bras de Trotas.*)

TROTAS.

　　　　　　　Elle perd connoiffance.
De votre amour jaloux voyez l'extravagance.
Quoi! fans l'entendre, ainfi faut-il la condamner?
Prince, regardez la.

CRIARDUS.

　　　　　　Rien ne peut m'étonner.
　　　　(*Il la regarde.*)
Comment! elle fe meurt. Quelle aveugle colere!
Malheureux que je fuis! mais, hélas! comment
　　faire?
　　　　　(*Aux genoux de Scandée.*)
Scandée, écoutez-moi, regardez votre amant:
Que ce regard eft doux! grands Dieux qu'il eft
　　touchant!

SCANDE'E.

Quoi! je fuis dans vos bras! mon bonheur eft
　　extrême.
Vous m'aimez donc, Seigneur?

CRIARDUS.

Oui, oui, oui, je vous aime.

SCANDE'E.

Je craignois de vous perdre, & vous m'aimez
toujours !

CRIARDUS.

Oui, je vous aimerai le reste de mes jours :
Croyez-en mes ferments ; à l'instant je le jure.

SCANDE'E. *Elle se leve.*

Est-il besoin, Seigneur ? votre parole est sûre,
Je n'en saurois douter. Mais parlons sensément,
Nous nous sommes assez livrés au sentiment :
Quel parti faut-il prendre avec un Roi perfide
Qui veut vous outrager ?

CRIARDUS.

Son pere étoit Hercïde,
De ma mere l'amant. Sur la protection
Du fils j'ai trop compté, je le vois, l'action
De vous aimer le prouve ; & cependant qu'en
dire ?
J'en eusse fait autant : qui vous voit, vous desire.

TROTAS.

Mais, en parlant ainsi, quel est votre projet ?
La Princesse l'a dit : il faut aller au fait.
Je ne vous comprends pas ; je le vois avec peine,
Vous n'en savez pas plus qu'avant toute la scene.

CRIARDUS.

Tu raisonnnes très bien ; je t'aime, cher Trotas,
Aides nous à sortir d'un si dangereux pas.

TROTAS.

Vous perdez trop de temps en beaucoup de paroles,
En doucereux discours, aussi longs que frivoles ;
Il faut des actions, & non pas des propos ;
La gloire disparoît dans les bras du repos.
Vous savéz les regrets du P inœ votre pere.
Un voisin orgueilleux chez lui porte la guerre,
Défendez vos états, il vous recevra bien ;
Vous êtes Général, ce n'est pas être rien.
On doit tout à celui qui nous comble de gloire ;
L'Hymen couronnera l'amour & la victoire.
Pour Corinthe un vaisseau se prépare à partir :
Le capitaine est sûr, il voudra vous servir ;
Je peux compter sur lui, c'est un ami d'école.
Quittez, quittez le Roi sans dire une parole.

CRIARDUS.

Suivrons-nous, ma Princesse, un semblable projet?

SCANDE'E.

Je crois qu'on peut compter sur un fidele sujet,
Trotas voit de sang-froid, on peut suivre un tel
     guide.
Cependant Poignardin . . . .

CRIARDUS.

       Qu'a donc fait ce pefide ?

SCANDE'E.

Que voulez-vous favoir ?

CRIARDUS.

Comment ? Parlez ? eh bien ?
Madame, au nom des Dieux . . . .

SCANDE'E.

Je ne dirai plus rien.

TROTAS.

Nous ferons fort inftruits. Pour moi, je me retire ;
Mais ici le Roi vient. Sachons ce qu'il va dire.

SCENE III.

**POIGNARDIN, SCANDE'E, CRIARDUS,
TROTAS, GARDES.**

SCANDE'E, *à part.*

Que va-t-il annoncer !

POIGNARDIN.

Je vous cherchois, Seigneur :
Contre moi votre pere éclate avec hauteur ;
Il prétend m'obliger par la force à vous rendre.

CRIARDUS.

Seigneur, ne craignez rien, je faurai vous défendre,

Je vous dois tout, croyez, je vous jure ma foi,
Que vos intérêts feuls feront toujours ma loi.
Mais employez le ton du corps diplomatique,
Et faites-lui fentir qu'en Prince politique,
Il doit me recevoir avec empreffement ;
Que j'ai quelques amis, qui, joints à mon talent,
Pourront le fecourir dans la préfente guerre,
S'il confent à l'hymen qui feul pourra me plaire.
A ces conditions, je ne perds point de temps,
Je m'embarque, Seigneur, je pars.

POIGNARDIN.

Je vous entends.

Je ne veux point fur moi que l'orage fe tourne;
Faut-il dans une guerre ici que je m'enfourne,
Qu'imitant Ménélas & ces fots de Troyens,
Je me brouille pour vous, en prenant ces moyens?
L'ambition jamais, en recherchant la gloire,
Ne priva mes fujets de manger & de boire.
Un peuple bien portant vaut mieux qu'un peu-
ple mort.

TROTAS.

Ce tyran eft bon homme, & n'a pas toujours tort.

POIGNARDIN,

Il eft un feul moyen de calmer votre pere,
Et de gagner du temps. Si vous voulez lui plaire,
Croyez-moi, partez feul; la Princeffe en ces lieux
Ne craint rien, j'en réponds.

SCANDE'E.

Je refterois ? ô Dieux !
Non, ne l'efpérez pas, Seigneur, j'ai trop de
crainte.

POIGNARDIN.

Madame, ne va pas qui voudroit à Corinthe.
Tous les ports font fermés. Le Roi, dans fon
courroux,
Pourroit punir fon fils, en ne frappant que vous.

SCANDE'E.

C'eft un détour, Seigneur.

CRIARDUS.

Je l'ai prévu, Madame.
Non, non, ne craignez rien, de l'amour qui
m'enflame
Je fuivrai feul la loi.

POIGNARDIN.

Faites ce que je veux.
Preffez-vous de partir, & laiffez-nous tous deux.
Si vous me réfiftiez, vous pourriez me déplaire.

CRIARDUS.

Je connois vos deffeins, orgueilleux téméraire,
Vous voulez m'enlever l'objet de tous mes vœux;
Je peux vous en punir.

POIGNARDIN.

Quel ton audacieux !

CRIARDUS.

Je ne me connois plus. Dans mon inquiétude,
Si vous nous arrêtez. . . .

POIGNARDIN.

    Monftre d'ingratitude !
Homicide ferpent rechauffé dans mon fein,
Vous me percez le cœur, quand je vous tends la
   main !
Quand je vous ai reçu, vous étiez plus honnête.
Sachez qu'ici je fais fouvent trancher la tête.
Il ne faudroit qu'un mot. . . Ne foyez pas fi vain.
Songez à m'obéir, je parle en fouverain ;
Allez, retirez-vous, fans tant de bavardage.

CRIARDUS.

Et la Princeffe ici ? . . .

POIGNARDIN.

Sortez.

CRIARDUS.

     Sur le rivage
Allons nous promener ; quand il fera forti,
Nous reviendrons ici pour y prendre un parti.

SCENE IV.

SCANDE'E, POIGNARDIN, GARDES.

POIGNARDIN.

IL fait le bel-esprit, le Prince de Corinthe,
C'est par là qu'il séduit; mais parlons sans con-
    trainte,
Il ne me paroît pas assez digne de vous.
Ah! dans ces lieux l'Amour vous offre un autre
    époux.
Oubliez Criardus, votre constance est vaine.

SCANDE'E.

Que me proposez-vous? je romprois une chaîne
Qui fait tout mon bonheur, je perdrois en ce
    jour .....

POIGNARDIN.

Non, vous ne perdrez rien. Je veux qu'à mon
    amour,
En vous donnant du temps, vous deveniez propice,
Je connois votre sexe, il ne faut qu'un caprice,
Je l'attendrai. Je crois qu'on ne peut faire mieux.
Pensez-y; Criardus est trop ambitieux :
Souvent l'ambition étouffe la tendresse;
Eprouvez-le du moins, & si son amour cesse,

Je m'offre à vous venger. Quand on eſt un héros,
Il faut toujours ſavoir être grand à propos.
Ce ſeroit un effort pour un cœur ordinaire;
Mais vous agrandiſſez quiconque veut vous plaire.

SCANDE'E.

Ah ! je crains trop , Seigneur , que ſous cette
　　douceur ,
Vous ne cachiez ici quelque affreuſe noirceur.
Je vous le dis peut-être avec trop de franchiſe ;
Mais la crainte en ces lieux doit m'être un peu
　　permiſe.
Si cela vous déplaît , ah ! laiſſez-moi partir ,
Et ne me forcez pas, enfin , à vous haïr.

POIGNARDIN.

Connoiſſez mes projets , je deviens inflexible,
Votre amant périra, ſi vous n'êtes ſenſible.
J'ai feint que Criardus étoit redemandé ,
Et que pour ſon départ tout étoit commandé :
A mes juſtes fureurs rien ne peut le ſouſtraire,
Il ſera poignardé , ſi vous m'êtes contraire ,
Si vous ne m'accordez l'objet de tous mes vœux,
Ce cœur que je deſire. . . .

SCANDE'E. -

Ah ! quel projet affreux !

POIGNARDIN.

Si je ſuis un coquin, c'eſt l'effet de vos charmes,
De leur vaſte pouvoir , je tiens en main les armes

Qui porteront la mort au fein de votre amant.
Voyez, délibérez, ce n'eft qu'en m'époufant...

SCANDÉE.

Monftre que je détefte ! en vain tu pourrois croire
Qu'un hymen odieux pourroit ternir ma gloire.
Ah ! loin d'y confentir, pour fuir un pareil fort,
Dans les flots de la mer j'irois chercher la mort.

POIGNARDIN.

Si vous la préférez, vous êtes la maîtreffe ;
C'eft à vous d'y penfer, Madame, je vous laiffe.

SCANDE'E.

Ah ! Seigneur , arrêtez... Criardus périra ?

POIGNARDIN.

Je plains fon trifte fort ; mais qu'y faire ? il mourra,
Puifque vous le voulez.

(Il fort.)

SCENE V.

SCANDE'E.

O Dieu ! comment la foudre
N'éclate-t-elle pas pour le réduire en poudre !
Grands Dieux ! secourez - moi, grands Dieux !
        secourez-nous !
Lancez sur ce tyran vos plus funestes coups !

SCENE VI.

SCANDE'E, CRIARDUS.

CRIARDUS.

Il est parti le Roi : je puis donc reparoître.
Qu'avez-vous fait, Madame, & que dit donc
        ce traître ?
Quel que soit son projet ...

SCANDE'E.
        Son projet ?

CRIARDUS.
                Sûrement.

Auroit-il ſu vous plaire, eſt-il heureux amant ?

SCANDE'E.

Que voulez-vous ſavoir ?

CRIARDUS.

Pourquoi toujours vous taire ?
Ceci me laſſe, enfin ; je veux de ce myſtere
Etre mieux éclairci ; parlez, l'aimeriez-vous ?
Ah ! ſi je le croyois…S'il devient votre époux !...

SCANDE'E.

Lui, Seigneur ?

CRIARDUS.

Je ne ſais ; mais cette peine extrême,
Ce ſilence obſtiné….

SCANDE'E.

Comment croit-on que j'aime
Un mortel odieux qui fait tout mon malheur ?
Vous ajoutez, cruel, encor à ma douleur !
Ah ! terminons des jours qui devoient faire envie,
Des jours trop malheureux !

CRIARDUS.

Vous me ſeriez ravie ?

SCANDE'E, *ſe jettant ſur l'épée de Criardus.*

Je veux de cette épée enſanglanter mon ſein,
Puis vous la préſenter, ainſi qu'à ce Romain
Dont vous ſavez l'hiſtoire.

CRIARDUS.

Eh ! pourquoi ce caprice !
S'il faut pour notre amour qu'ici quelqu'un périsse,
Ce doit être le Roi : dites ce qu'il a fait.
Vous verrez que son sang lavera son forfait,
Parlez, ne craignez rien.

SCANDE'E

Il pourroit nous entendre.
Venez, éloignons nous, je vais tout vous ap-
prendre ;
Puisque vous le voulez, je ne me tuerai pas ,
Je vous rends votre épée.

CRIARDUS

En la prenant, helas !
J'admire cet excès de votre complaisance !
Amour, de ses vertus deviens la recompense.

SCANDE'E.

Vous oubliez, Seigneur, en formant tous ces vœux,
Que Poignardin...

CRIARDUS.

Trotas doit venir en ces lieux ,
Il a l'esprit d'intrigue, & c'est heureux pour nous,
Qui sommes amoureux , furieux & jaloux.

SCANDE'E.

Mais le tyran long-temps vous laisse tête-à-tête !

CRIARDUS.

CRIARDUS.

Je n'en ai jamais vu qui ne fût un peu bête.
Ah! que je fuis charmé d'avoir fait notre paix !
Mais je crois que Trotas n'arrivera jamais.
Suivant ce qu'il dira, nous pourrons nous con-
  duire,
Et fi vous m'en croyez, nous irons en Epire.

SCANDE'E.

Ne parlez pas trop haut, j'entends quelqu'un venir.
Il faut....

CRIARDUS.

Ah ! c'eft Trotas.

SCENE VII.

CRIARDUS, SCANDE'E, TROTAS.

CRIARDUS.

DIS , pourrons-nous partir ?
Réponds , & promptement.

TROTAS.

Je fuis tout hors d'haleine ;
Vous m'avez fait courir, & ce n'eft pas fans peine ;
Mais pour vous j'aurois fait un bien plus grand
  effort.

Tome VIII.   D

Un arrêt, dans l'inſtant, ordonne que du port
On ne laiſſe ſortir ni vaiſſeau, ni galere.

SCANDE'E.

O Dieux! quelle nouvelle!

CRIARDUS.

O ciel! comment donc faire?

SCANDE'E.

Comment fúir de ces lieux?

CRIARDUS.

Il n'y faut plus penſer.

SCANDE'E.

Grands Dieux! ſecourez-nous.

TROTAS.

Il faùt, ſans balancer;
Prendre un parti très-prompt, le ſeul qui ſoit à
　　prendre,
Et que je vous dirai, ſi vous voulez m'entendre.
Il pourra vous paroître un tant ſoit peu fâcheux;
Mais c'eſt fort peu de choſe, il n'eſt point dan-
　　gereux:
De l'inventif Ulſſe il auroit le ſuffrage,
Puiſqu'il peut vous ſouſtraire au tyran, à ſa rage.

CRIARDUS.

Ah! tu nous fais languir: apprends-nous ton
　　deſſein;

Je crains à tout moment de revoir Poignardin ;
S'il alloit nous surprendre !

TROTAS.

Il est loin, je le quitte,
Et, sans perdre un instant, je suis venu fort vîte.
Ainsi ne craignez rien. Devinez mon projet ;
C'est pis qu'un logogriphe.

CRIARDUS.

Il est temps, en effet,
De s'amuser ainsi.

SCANDÉE.

Je crains & je desire
De savoir les moyens...

TROTAS.

Je m'en vais vous les dire.
C'est un vaisseau marchand qui vous transportera
Aux lieux que vous voudrez, & quand il vous
            plaira.
Comme dans tous les ports on fait la contrebande,
Malgré les soins actifs de celui qui commande,
On vous embarquera dans ce vaisseau marchand :
Le capitaine, enfin, pour partir vous attend.
Ce qui le détermine....

SCANDE'E.

Eh bien ?

TROTAS.

N'est pas le lucre.
D 2

CRIARDUS.

Mais comment nous cacher ?

TROTAS.

Dans une tonne à fucre.

CRIARDUS.

Elle nous contiendroit ?

TROTAS.

Je m'y tiens tout debout.

CRIARDUS.

On ne peut pas mieux dire ; il a réponfe à tout.
Ne différons donc pas. Faut-il long-temps attendre ?
Cher Trotas , dis-le-nous.

TROTAS.

On eft allé la prendre ,
Elle doit être ici.

SCANDE'E.

Je crains les maux de cœur.
Comment l'amene-t-on ? la roule-t-on, Seigneur ?

CRIARDUS.

Je l'ignore.

TROTAS.

Non, non; c'eft fur une voiture
Qu'on la tranfportera ; c'eft moi qui vous l'affure.
Ne différez donc plus, tout va combler vos vœux.

SCANDE'E.

Je ne puis me flatter qu'un efpoir trop heureux....

TROTAS.

Le jour fuit à propos ; mais il faut prendre garde....

CRIARDUS.

Acheve, parle donc.

TROTAS.

Que l'on ne vous regarde,
Que quelque furveillant , caché près de ces lieux,
En vous voyant fortir ne vous fuive des yeux ;
Enfin, qu'on ne vous voie entrer dans cette
   tonne.
Jufqu'à préfent ici je n'apperçois perfonne.
Partez.

CRIARDUS.

Enfin , Madame....

SCANDE'E

Ah ! point de compliment !
Je redoute , Seigneur, tous les retardemens.

CRIARDUS, *tendant la jambe.*

Donnez-moi donc la main. Dans ce moment
   profpere,
Je crois que le tyran rugira de colere ;
Que je voudrois le voir dans toute fa fureur !

SCANDE'E.

Finiffez ces difcours , je crains quelque malheur.

SCENE DERNIERE.

CRIARDUS, POIGNARDIN, SCANDE'E, TROTAS.

POIGNARDIN, *à part.*

PAR un avis secret que l'on a su me rendre,
J'ai su tous leurs complots, & je viens les sur-
    prendre.
    (*Il frappe Criardus & Scandée.*)
Oui, traîtres, vous mourrez. Elle meurt ! Ils sont
    morts !
Ah ! qu'ai-je fait ? ô Dieu ! (*Il se tue.*) Je répare
    mes torts.

TROTAS *ramasse le poignard, & il essaie de se*
    tuer.

Je ne me tuerai point, j'apprendrai l'orthographe,
Pour leur faire en beaux vers une belle épitaphe.

LE
MAL-ENTENDU.

QUATRE-VINGT-QUINZIEME PROVERBE.

PERSONNAGES.

L'ABBESSE.

LA MERE Ste. HELENE, *Maîtreffe des Pen-*
fionnaires.

LA MERE St. BASILE, *Portiere, boîteufe.*

LE PERE SATURNIN, *Cordelier.*

Mlle. JULIE, *Penfionnaire.*

M. FEBRUGIN, *Médécin.*

LE JARDINIER.

La Scene eft dans un Couvent de Province, dans
le jardin.

LE
MAL-ENTENDU.

PROVERBE.

SCENE PREMIERE.

LA MERE Ste. HELENE, LA MERE St. BASILE.

LA MERE Ste. HELENE.

Mais, ma sœur, concevez-vous que le Docteur nous abandonne comme cela?

LA MERE St. BASILE.

Je crois, ma sœur, qu'il y a plus de quinze jours qu'il est parti, parce que . . .

LA MERE Ste. HELENE.

Il y a trois femaines, ma sœur; il est parti le lendemain du beau fermon du Pere Saturnin.

LA MERE St. BASILE.

Le lendemain de la fête de l'Ange Gardien, parce que . . .

LA MERE Ste. HELENE.

Oui, ma sœur.

LA MERE St. BASILE.

Chaque fois que l'on sonne, & que je vais ouvrir la porte, je crois toujours que je vais le voir, parce que...

LA MERE Ste. HELENE.

Pourvu qu'il ne soit pas tombé malade ; car nulle part on ne lui fait sûrement de si bon café à la crême que le nôtre.

LA MERE St. BASILE.

C'est un homme bien aimable, ma sœur ! parce que....

LA MERE Ste. HELENE.

Oui, & bien savant ! Comme il a guéri cette petite Julie, sans le savoir seulement.

LA MERE St. BASILE.

Mais, ma sœur, c'est qu'avec un homme comme cela on n'a pas besoin de l'entendre parler long-temps pour le comprendre ; parce que...

LA MERE Ste. HELENE.

Moi, je crois que si Madame l'Abbesse vouloit, elle seroit bientôt guérie.

LA MERE St. BASILE.

Mais comment, ma sœur ? parce que...

LA MERE Ste. HELENE.

Elle a commencé déjà par la diete.

LA MERE St. BASILE.

Mais la diette faifoit dépérir la petite Julie, parce que....

LA MERE Ste. HELENE.

Comme elle fait dépérir Madame ; c'étoit le Docteur qui l'avoit ordonné à Julie.

LA MERE St. BASILE.

Oui , vous avez raifon , & fon eftomac n'en alloit que plus mal ; parce que...

LA MERE Ste. HELENE.

C'étoit peut-être une préparation.

LA MERE St. BASILE.

Cela pourroit bien être, parce que...

LA MERE Ste. HELENE.

En ce cas, nous pourrions traiter Madame de même ; cela me paroît un très-bon remede.

LA MERE St. BASILE.

Il fortifie affez promptement ; parce que...

LA MERE Ste. HELENE.

Voilà le Pere Saturnin ; nous allons voir comment il aura trouvé Madame.

SCENE II.

LA MERE Ste. HELENE, LA MERE St. BASILE, LE PERE SATURNIN.

LA MERE Ste. HELENE.

Eh bien, Pere Saturnin, comment va Madame, cette après-dîner ?

LE PERE SATURNIN.

Elle ne va point. Vous la faites auſſi trop jeûner ; rien que du bouillon , & pas ſeulement un coup de vin encore.

LA MERE St. BASILE.

Mais , Pere, vous ſavez bien que dans ſa meilleure ſanté elle en boit fort peu , parce que. ..

LE PERE SATURNIN.

Voilà pourquoi elle eſt malade.

LA MERE Ste. HELENE.

Nous lui donnons du café à la crême.

LE PERE SATURNIN.

Voilà une bonne drogue ! Moi, je la ferois manger.

LA MERE St. BASILE.

Il faut ſavoir ſi ce ſera l'avis du Docteur, parce que....

LE PERE SATURNIN.

Je parie que non. Votre Docteur n'aime que la diete, pas pour lui, au moins ; car il dîne fort bien, & il boit de même ; & en cela je le trouve fort raiſonnable.

LA MERE Ste. HELENE.

Oh ! ſûrement il eſt bien raiſonnable, & il fait bien de ſe conſerver.

LE PERE SATURNIN.

C'eſt un bon diable.

LA MERE St. BASILE.

Et un habile homme, parce que....

LE PERE SATURNIN.

Pour un habile homme, c'eſt une autre choſe, & ſi vous voulez que je vous parle vrai, j'en ai plus appris en philoſophie qu'il n'en ſaura jamais ; cela n'empêche pas que je ne l'aime beaucoup, & que je ne ſois fort aiſe de dîner avec lui.

LA MERE Ste. HELENE.

Mais, Pere, la philoſophie que vous avez ap- priſe n'eſt pas, je crois, la médecine.

LE PERE SATURNIN.

Cependant, ſans elle il n'y a point de médecine.

LA MERE St. BASILE.

Il eſt ſavant, ma ſœur, le Pere, parce que...

LE PERE SATURNIN.

Avec la philosophie, on connoît l'action & la réaction, l'athmosphere, les propriétés de l'air, de l'eau, de la terre & du feu.

LA MERE St. BASILE.

Je ne comprends pas, ma sœur, comment les hommes ont la tête assez grande pour loger tout cela ; parce que. . .

LE PERE SATURNIN.

Mon frere, qui est apothicaire, m'a dit que le Docteur ne savoit pas la chymie, & fort peu l'anatomie ; mais il ajoute qu'ils sont presque tous aussi peu instruits.

LA MERE Ste. HELENE.

Cela ne fait rien, Pere.

LE PERE SATURNIN.

Cela ne fait rien ; mais voilà comme ces Messieurs nous empoisonnent, & puis ils disent que c'est le vert-de-gris ; il faut bien en passer par là : cela n'empêche pas que je ne l'aime toujours beaucoup le Docteur. Il boit bien.

LA MERE Ste. HELENE.

Je crois qu'il n'y a rien de plus savant que ce qu'il a fait à cette petite Julie, qui est parfaitement guérie.

LE PERE SATURNIN.

Mais c'eſt vous, ma mere, qui avez inventé de lui faire ronger des os.

LA MERE Ste. HELENE.

J'ai commencé par lui en faire ſucer.

LE PERE SATURNIN.

Oui; mais elle a mieux fini, en les rongeant.

LA MERE Ste. HELENE.

Dame, écoutez donc ; quand j'ai vu qu'elle alloit mieux, j'y ai laiſſé un peu de viande.

LE PERE SATURNIN.

C'eſt la ceſſation de la diete qui a tout fait, ma Mere, & je vous dis que c'eſt vous qui l'avez guérie.

LA MÉRE Ste. HELENE.

Non, non, Pere, il faut être juſte ; c'eſt le Docteur.

LE PERE SATURNIN.

Il y a trois ſemaines qu'il n'eſt venu ici.

LA MERE St. BASILE.

Il eſt vrai, parce que....

LE PERE SATURNIN.

Et ce n'eſt que depuis quinze jours que cette petite fille ronge des os.

LA MERE St. BASILE.

Vous avez raiſon, Pere, parce que...

LE PERE SATURNIN.

Le Docteur vous a-t-il écrit de lui en donner ?

LA MERE Ste. HELENE.

Non, vraiment, puisque nous ne favons pas où il eft.

LE PERE SATURNIN.

Quand même il auroit été ici, il n'auroit jamais ordonné de faire ronger des os à cet enfant.

LA MERE St. HELENE.

Pardonnez-moi ; car il avoit dit qu'il lui en feroit prendre dans trois ou quatre jours.

LE PERE SATURNIN.

Des os ?

LA MERE Ste. HELENE.

Oui, demandez à la fœur St. Bafile, elle y étoit.

LA MERE St. BASILE.

Oh, pour cela oui, j'y étois, parce que...

LE PERE SATURNIN.

Et vous croyez.... Ah, ah, ah, ah, ah !

LA MERE St. HELENE.

De quoi riez-vous donc, Pere ?

LE PERE SATURNIN.

Du Docteur. Je voudrois le voir. (*Il rit.*)

LA MERE Ste. HELENE.

Je n'aime pas que vous vous moquiez de lui ; vous riez toujours quand vous êtes enfemble.

LE

LE PERE SATURNIN.

Voulez-vous que nous foyons triftes ?

LA MERE Ste. HELENE.

Non pas affurément. Ma fœur , je crois qu'on fonne.

LA MERE St. BASILE.

Je vais aller voir , cela feroit trop heureux fi c'étoit le Docteur ; parce que . . .

SCENE III.

LA MERE Ste. HELENE , LE PERE SATURNIN.

LA MERE Ste. HELENE.

En vérité , Pere , je n'aime pas que vous parliez comme vous faites du Docteur ; vous pourriez lui ôter la confiance de nos fœurs ; il faudroit en changer , & nous n'en aurions jamais un fi bon.

LE PERE SATURNIN.

Savez-vous que j'ai plus de confiance en vous , Mere Ste. Helene ?

LA MERE Ste. HELENE.

En moi , Pere ? Allons , ne vous moquez pas.

Tome VIII.   E

LE PERE SATURNIN.

Je vous jure que je ne me moque pas , & je
fuis très-content de votre maniere de faire prendre des eaux.

SCENE IV.

LA MERE Ste. HELENE, LE PERE SATUR-
NIN, LA MERE St. BASILE.

LA MERE Ste. HELENE.

Eh bien , ma fœur , eft-ce là le Docteur ?

LA MERE St. BASILE

Eh ! mon Dieu , non , ma fœur ; c'eft le jardinier & fes garçons qui rentrent ; parce que...

LE PERE SATURNIN.

Je vous affure que j'ai plus d'impatience de
le voir que vous.

LA MERE Ste. HELENE.

Ma fœur , on fonne.

LA MERE St. BASILE.

Oh ! pour cette fois-ci, ce pourroit bien être
lui ; parce que ...

LE PERE SATURNIN.

Allez donc , ma fœur.

LA MERE St. BASILE.

Allons, allons, parce que...

· S C E N E · V.

LA MERE Ste. HELENE , LE PERE SATURNIN.

LA MERE Ste. HELENE.

Pere Saturnin, ne craignéz-vous pas, comme moi, que notre sœur St. Basile ne devienne sourde ? Il faut toujours que je l'avertiſſe quand on ſonne.

LE PERE SATURNIN.

Eh bien, faites-lui prendre auſſi des eaux.

LA MERE Ste. HELENE.

Ne plaiſantez donc pas, Pere.

LE PERE SATURNIN.

Je ne plaiſante pas ; ſi vous lui en donniez tout le carême, je ſuis sûr que cela lui feroit du bien.

LA MERE Ste. HELENE.

Pouvez-vous parler comme cela, vous Pere ?

LE PERE SATURNIN.

Pourquoi non ? Je parle médecine.

E 2

SCENE VI.

LA MERE Ste. HELENE, LA MERE St. BA-
SILE, LE PERE SATURNIN.

LA MERE Ste. HELENE.

CE n'eſt donc pas encore le Docteur ?

LA MERE St. BASILE.

Eh, mon Dieu, non, ma ſœur, ce ſont les
maçons qui reviennent de goûter; parce que...

LA MERE Ste. HELENE.

Je crains qu'il ne lui ſoit arrivé quelque malheur.

LA MERE St. BASILE.

Ma ſœur, Le Doux, qui vient de rentrer, m'a
dit qu'il avoit vu une chaiſe qui arrivoit; parce
que....

LA MERE Ste. HELENE.

Ah! ma ſœur, c'eſt lui-même : tenez, voilà
qu'on ſonne.

LA MERE St. BASILE.

Ah! j'entends bien. J'y vais, vais, parce que...

LA MERE Ste. HELENE.

Prenez garde de tomber.

LA MERE St. BASILE.

Ne craignez rien ; parce que. . . .

SCENE VII.

LA MERE Ste. HELENE , LE PERE SATURNIN.

LA MERE Ste. HELENE.

J'AI toujours peur qu'elle ne se laisse tomber, avec sa vivacité , & qu'elle ne se casse la jambe encore une fois.

LE PERE SATURNIN.

Eh bien, vous lui donnerez de vos eaux.

LA MERE Ste. HELENE.

Vous dites que vous trouvez ce remede très-bon.

LE PERE SATURNIN.

Assurément.

LA MERE Ste. HELENE.

Il ne faut donc pas vous en moquer comme vous faites.

LE PERE SATURNIN.

Je ne m'en moque pas.

LA MERE Ste. HELENE.

Pourquoi donc riez-vous ?

LE PERE SATURNIN.

Oh ! pour rien.

SCENE VIII.

LA MERE Ste HELENE, LA MERE St. BASILE, LE PERE SATURNIN.

LA MERE St. BASILE.

MA sœur, ce font les menuifiers, parce que....

LA MERE Ste. HELENE.

Eh bien ?

LA MERE St. BASILE.

Je leur ai demandé s'ils avoient vu la chaife du Docteur, ils m'ont dit qu'ils n'avoient rien vu ; parce que...

LA MERE Ste. HELENE.

Ces gens-là ne regardent rien.

LA MERE St. BASILE.

Moi, je crois qu'il va arriver ; parce que....

LA MERE Ste. HELENE.

Ma sœur, on fonne.

LA MERE St. BASILE.

Hem ?

LA MERE St. HELENE.

Je vous dis qu'on fonne.

LA MERE St. BASILE.

J'avois bien entendu ; parce que . . .

SCENE IX.

LA MERE Ste. HELENE, LE PERE
SATURNIN.

LA MERE Ste. HELENE.

Pere Saturnin.

LE PERE SATURNIN.

Eh bien ?

LA MERE St. HELENE.

Je n'ose vous dire . . . . j'ai trop peur que vous
ne vous moquiez de moi.

LE PERE SATURNIN.

Dites donc.

LA MERE Ste. HELENE.

C'est que j'ai envie, si le Docteur n'arrive
pas aujourd'hui , de traiter Madame l'Abbesse
comme la petite Julie.

LE PERE SATURNIN.

Ah ! vous lui donnerez des os aussi ?

LA MERE Ste. HELENE.

Oui , qu'en pensez-vous ?

LE PERE SATURNIN.

Qu'il faudra y laisser un peu plus de chair; comme elle est plus grande.

LA MERE Ste. HELENE.

Vous le croyez ?

LE PERE SATURNIN.

Sûrement, & vous lui ferez boire du vin pur.

SCENE X.

LA MERE Ste. HELENE, LA MERE St. BASILE, M. FEBRUGIN, LE PERE SATURNIN.

LA MERE St. BASILE.

Ma sœur, ma sœur, voilà le Docteur; parce que....

LA MERE Ste. HELENE.

Il va arriver ?

LA MERE St. BASILE.

Il me suit ; parce que...

LA MERE Ste. HELENE.

Ma sœur, il faut faire préparer sa chambre.

LA MÈRE St. BASILE.

Je l'ai déjà dit. Tenez, le voilà, ma sœur, parce que....

LA MÈRE Ste. HELENE.

Ah ! Monsieur le Docteur, nous vous attendions toutes avec bien de l'impatience.

M. FEBRUGIN.

Mesdames, vous me faites bien de l'honneur eur. Bon jour, Pere Saturnin in.

LE PERE SATURNIN.

Bon jour, bon jour, Docteur.

LA MERE Ste. HELENE.

Qu'avez-vous donc ? il me semble que vous boîtez.

M. FEBRUGIN.

Mais, vraiment, j'ai pensé être tué é.

LA MERE St. BASILE.

On vous a versé ; parce que...

M. FEBRUGIN.

Et dans un endroit aussi uni que ee jardin in.

LA MERE Ste. HELENE.

Vous êtes donc blessé ?

M. FEBRUGIN.

Pas absolument, j'ai une contusion au genou ou, qui m'empêche de marcher er.

LA MERE Ste. HELENE.

Affoyez - vous donc. Il faudroit un fauteuil, ma fœur…

M. FEBRUGIN.

Non , non , je ferai fort bien fur cette chaife aife.

LE PERE SATURNIN.

Vous avez dîné, Docteur ?

M. FEBRUGIN.

Oh ! je vous en réponds , onds.

LA MERE Ste. HELENE.

Pourquoi donc avons-nous été fi long-temps fans vous voir , & fans avoir de vos nouvelles ?

M. FEBRUGIN.

C'eft que j'ai toujours cru que j'allois revenir ir , & que les malades m'ont retenus us.

LA MERE Ste. HELENE.

On ne vouloit pas vous laiffer aller , je n'en fuis pas furpris , vous avez dû guérir bien monde ?

LE PERE SATURNIN.

Ou faire bien des héritiers , n'eft-ce pas , Docteur ?

M. FEBRUGIN.

Non pas abfolument ent ; j'en ai fauvé la moitié é ; mais avec bien de la peine eine.

LE PERE SATURNIN.

Avez-vous beaucoup faigné ?

M. FEBRUGIN.

Pas affez ez ; car fans cela il n'en feroit pas tant mort ort ; mais ces gens-là ne favent pas foutenir la faignée ée.

LE PERE SATURNIN.

Ils ont tort.

M. FEBRUGIN.

Comment fe portent toutes ces Dames ames ?

LE PERE SATURNIN.

Fort bien, il n'y a que Madame l'Abbeffe qui a toujours fon eftomac en mauvais état ; cela va plus mal que jamais.

M. FEBRUGIN.

Elle mange trop de pâtifferie ie, trop de confitures ures ; je lui ai toujours dit it.

LA MERE Ste. HELENE.

Depuis huit jours je l'ai mife à la diete, en vous attendant.

M. FEBRUGIN.

Vous avez bien fait ait.

LE PERE SATURNIN.

Oh ! la mere Ste. Helene eft un très-grand médecin ! Qu'elle vous dife comment elle a guéri cette petite Julie.

M. FEBRUGIN.

Eft-elle guérie ie ?

LA MERE St. BASILE.

Mais oui, par vos foins, Monfieur le Docteur, par vos foins; parce que...

M. FEBRUGIN.

Vous lui avez donc fait obferver le régime ime que je lui avois prefcrit it?

LA MERE Ste. HELENE.

Oui; mais j'ai cru que la diete étoit trop longue pour un enfant; & comme vous aviez dit que vous lui feriez prendre...

M. FEBRUGIN.

Ah! des eaux aux?

LA MERE Ste. HELENE.

Oui, je lui en ai donné.

M. FEBRUGIN.

Mais defquelles elles? Cela n'eft pas indifférent ent.

LA MERE Ste. HELENE.

J'ai commencé par des os de pigeon.

M. FEBRUGIN.

Mais ce n'eft pas là à.

LA MERE Ste. HELENE.

Attendez; l'effet n'étoit pas affez prompt, je lui ai donné des os de poulet.

M. FEBRUGIN.

Comment ent...

LA MERE Ste. HELENE.

Elle a pris plaifir à les fucer ; mais les os de poularde & de dindon lui ont mieux fait.

M. FEBRUGIN.

Eft-il poffible ible ?

LA MERE Ste. HELENE.

J'ai paffé aux os de mouton, de veau & puis de bœuf, cela a réuffi à merveille.

LE PERE SATURNIN, *riant.*

Que dites-vous à cela, Docteur ?

LA MERE Ste. HELENE.

Attendez donc : enfuire j'ai laiffé un peu de viande à ces os, & la petite eft entiérement rétablie.

M. FEBRUGIN.

Rétablie ie ?

LA MERE Ste. HELENE.

Elle fe porte à merveille, & je vais vous la faire defcendre, vous allez voir.

LE PERE SATURNIN, *riant.*

Eh bien, Docteur, c'eft pourtant vous qui avez fait ce miracle, pendant que vous étiez en campagne.

LA MERE Ste. HELENE.

Ma fœur, il faudroit avertir Madame l'Abbeffe que le Docteur eft ici.

LA MERE St. BASILE.

J'y vais, ma sœur, parce que …

LA MERE Ste. HELENE.

Moi, je vais chercher Julie.

SCENE XI.

M. FEBRUGIN, LE PERE SATURNIN.

LE PERE SATURNIN, *riant*.

Votre surprise me divertit, Docteur.

M. FEBRUGIN.

Mais c'est que jamais on n'a vu de pareilles choses osées.

LE PERE SATURNIN.

Écoutez donc, cela peut vous faire un honneur infini.

M. FEBRUGIN.

Guérir des maux d'estomac en suçant des os os !

LE PERE SATURNIN.

Pourquoi pas ? Il est vrai qu'il y avoit quelque chose autour de ces os ; & après une diete austere, on est encore trop heureux de les trouver.

M. FEBRUGIN.

Jamais je n'ordonnerai un pareil remede ede.

LE PERE SATURNIN.

Et vous aurez tort : il n'y a rien de ſi bête & de ſi vieux que la diete ſeule. A Paris, vous auriez un ſuccès étonnant ; & plus votre conduite feroit contrariée par les autres Médecins, plus on voudroit vous avoir, vous ne ſauriez auquel entendre. Croyez-moi, eſſayez ce moyen ſur Madame l'Abbeſſe, elle le mandera à Paris a ſes parents, & votre fortune ſera faite.

M. FEBRUGIN.

Je crois qué vous avez raiſon, Pere ere.

LE PERE SATURNIN.

Vous ferez un ſyſtême nouveau qui ſera admiré des gens du monde & de quelques ſavants, & vous boirez à la ſanté de ces gens-la avec de bon vin.

M. FEBRUGIN.

C'eſt qu'il faut trouver un principe ipe.

LE PERE SATURNIN.

La médecine n'en a point de certain, convenez-en ; un moyen manque dix fois, cela ne fait point de tort ; le haſard vous ſeconde une fois, cela ſuffit pour fonder une réputation.

M. FEBRUGIN.

Pere, vous auriez été un grand Médecin in.

LE PERE SATURNIN.

Les voici qui reviennent.

SCENE XII.

LA MERE St. BASILE, M. FEBRUGIN, LE PERE SATURNIN.

LA MERE St. BASILE.

Monsieur le Docteur, Madame est enchantée de votre retour, & elle vous attend avec impatience, parce que…

M. FEBRUGIN.

Mais c'est que je ne saurois monter chez elle elle.

LE PERE SATURNIN

Je vais l'engager à venir vous trouver, Docteur.

M. FEBRUGIN.

Eh bien oui, dites-lui que pour son mal il n'y a rien de meilleur que l'exercice ice.

LE PERE SATURNIN.

Laissez, laissez-moi faire.

LA MERE St. BASILE.

Moi, je vais aller chercher un fauteuil pour Madame, & je le mettrai à côté de vous, Monsieur le Docteur, parce que.…

M.

M. FEBRUGIN

Vous ferez fort bien.

SCENE XIII.

LA MERE Ste. HELENE, JULIE, M. FEBRUGIN,

LA MERE Ste. HELENE.

Tenez, Monsieur le Docteur, voilà notre petite ressuscitée.

M. FEBRUGIN, *tâtant le pouls de Julie.*

Elle a fort bon visage age, & elle n'a point de fievre ievre.

LA MERE Ste. HELENE.

Je vous dis que votre remede lui a fait des merveilles.

M. FEBRUGIN.

Avez-vous de l'appétit, Mademoiselle elle ?

JULIE.

Oh ! Monsieur, je rongerois des os toute la journée ; je trouve cela bien bon !

M. FEBRUGIN.

Cela va très-bien ien.

Tome VIII. F

LA MERE Ste. HELENE.

Vous voyez votre ouvrage, cher Docteur.

M. FEBRUGIN.

Quel âge avez-vous ous ?

JULIE.

Quatorze ans bientôt, Monfieur.

M. FEBRUGIN.

C'eft le bon âge âge : elle aura à préfent la meilleure fanté du monde onde.

LA MERE Ste. HELENE.

Ah ! voilà Madame qui vient avec le Pere.

JULIE.

M'en irai-je, ma chere Mere ?

LA MERE Ste. HELENE.

Non, non.

JULIE.

Vous me faites bien du plaifir de me permettre de refter pour voir Madame.

LA MERE Ste. HELENE.

Il eft néceffaire que Madame voie vos miracles, cher Docteur.

SCÈNE XIV.

L'ABBESSE, LA MERE Sᴛᴇ. HELENE, LA MERE Sᴛ. BASILE, JULIE, LE PERE SATURNIN, M. FEBRUGIN, LE JARDI-NIER, *portant un fauteuil.*

LA MERE Sᴛ. BASILE.

Tᴇɴᴇᴢ, mettez-là le fauteuil, un peu plus avant, auprès du Docteur, fort bien; en vous remerciant. Allez-vous-en à préfent à vos af-faires; parce que . . .

L'ABBESSE.

Eh bien, cher Docteur, vous voyez que je viens vous chercher, & c'eft avec bien du plaifir.

M. FEBRUGIN.

L'exercice vous eft néceffaire, Madame ame, fans quoi je ne vous aurois pas donné la peine de venir ir.

L'ABBESSE.

Vous êtes bleffé, Docteur?

M. FEBRUGIN.

Ce n'eft rien du tout out.

L'ABBESSE.

Vous courez toujours auffi.

M. FEBRUGIN.

Madame, il le faut bien ien. Mais parlons de votre fanté té : comment vous trouvez-vous ous ?

L'ABBESSE.

Mais bien foible, Docteur.

LE PERE SATURNIN

Cela vient sûrement de la diete.

L'ABBESSE.

· Le Pere Saturnin croit toujours qu'il faut boire & manger.

M. FEBRUGIN, *riant.*

Il faut que chacun faffe fon métier ier.

LE PERE SATURNIN.

Je trouve ce métier-là fort bon, moi.

M. FEBRUGIN.

Ah çà, Madame, voyez un peu comme fe porte notre petite malade ade.

L'ABBESSE.

Mais elle me paroît bien rétablie.

LA MERE Ste. HELENE.

Julie, approchez donc, que Madame vous voie.

L'ABBESSE.

Bon jour, Julie : elle a des couleurs, elle sera fort jolie, n'eſt-ce pas, Docteur ?

M. FEBRUGIN.

Fort ort.

L'ABBESSE.

Embraſſez-moi, mon enfant. *Elle l'embraſſe, & Julie lui baiſſe la main.*

JULIE.

Madame a bien de la bonté.

L'ABBESSE.

Vous approuvez donc la conduite de notre ſœur Ste. Helene ?

M. FEBRUGIN.

De point en point oint.

LA MERE Ste. HELENE.

Je crois que Julie peut s'en aller à préſent, Docteur ?

M. FEBRUGIN.

Ouï, oui ; attendez ez. Quel eſt ſon régime à préſent ent ?

LA MERE St. HELENE.

Mais toujours le même, Docteur.

M. FEBRUGIN.

Elle ne mange encore avec perſonne onne ?

LA MERE Ste. HELENE.

Non.

M. FEBRUGIN.

Il faut qu'elle aille au réfectoire oire, &
qu'elle reprenne ses exercices ices comme à l'ordinaire aire.

JULIE.

J'ai pourtant encore dans ma chambre un bien
gros os d'alloyau à ronger.

M. FEBRUGIN.

Eh bien, jettez-moi tout cela par la fenêtre être.

LA MERE St. BASILE.

Entendez-vous, Julie, tout ce que vous dit le
Docteur ; parce que . . .

JULIE.

Oui, oui, ma chere Mere, je n'y manque-
rai pas.

LA MERE Ste. HELENE.

Faites la révérence à Madame l'Abbesse.

L'ABBESSE.

Adieu, adieu, mon cœur : soyez bien sage.

SCÈNE XV.

L'ABBESSE, LA MERE Ste. HELENE,
LA MERE St. BASILE, M. FEBRUGIN,
LE PERE SATURNIN.

L'ABBESSE.

En vérité, Docteur, j'admire l'effet de votre science.

M. FEBRUGIN.

Madame, cela n'en vaut pas la peine eine.

L'ABBESSE.

Mais si je faisois ce remede-là, moi, mon estomac se remettroit peut-être.

M. FEBRUGIN.

Voilà ce que je crois ois, & j'allois vous le proposer er.

L'ABBESSE.

Je ne demande pas mieux ; mais je ne comprends pas par quelles raisons, l'usage de sucer ces os peut faire tant de bien.

M. FEBRUGIN.

Cependant rien n'est plus facile ile, & je vais vous l'expliquer er.

L'ABBESSE.

J'en serai fort aise.

LA MERE Ste. HELENE.

Ecoutez, vous Pere.

LE PERE SATURNIN.

Ah ! je vous en réponds.

LA MERE St. BASILE.

Pour moi, j'écoute de toutes mes oreilles ;
parce que...

L'ABBESSE.

Allons, mes sœurs, un peu de silence.

M. FEBRUGIN.

Vous savez, Madame ame, que la premiere
digestion on se fait dans la bouche ouche ?

L'ABBESSE.

Oui, Docteur ; parce que la salive est le premier digestif, à ce que vous m'avez dit.

LA MERE Ste. HELENE.

Voyez, ma sœur, comment Madame est sa-
vante !

LA MERE St. BASILE.

Oh ! je le savois bien, Madame raisonne sur
tout à merveilles ; parce que...

L'ABBESSE.

Un moment donc, mes sœurs.

M. FEBRUGIN.

En conféquence de ce principe ipe, il faut mêler er, d'une maniere particuliere ere, l'aliment avec la falive ive.

L'ABBESSE.

Fort bien.

M. FEBRUGIN.

Et comment le feroit-on mieux qu'en fuçant ant la fubftance des os os?

L'ABBESSE.

Cela eft vrai.

LA MERE Ste. HELENE.

Je n'avois jamais penfé à tout cela.

LA MERE St. BASILE.

Ni moi non plus ; parce que...

LA MERE Ste. HELENE.

Eh bien, qu'en dites-vous, Pere ?

LE PERE SATURNIN.

Fort bien. Mais je l'attends , lorfqu'il refte quelque chofe autour des os.

M. FEBRUGIN.

Ah ! m'y voici ci. Après avoir fucé un peu de temps emps , l'eftomac s'eft accoutumé mé à cette fubftance ance jointe à la moële des os os,

L'ABBESSE.

Sûrement,

M. FEBRUGIN.

Pour le ramener à ſes fonctions ordinaires aires, je fais ronger un peu eu ; ces petites parties de chair air preſſent les glandes ſalivaires aires ; ce qui augmente les nouveaux moyens de la diꞬgeſtion on.

L'ABBESSE.

Cela eſt clair.

LA MERE Sᴛ. BASILE.

Que je ſuis aiſe d'entendre tout cela ; parce que.,

L'ABESSE.

Je parie que la ſœur Ste. Helene le ſavoit déjà.

LA MERE Sᴛᴇ. HELENE.

Madame.....

L'ABBESSE.

Allons, ma ſœur, vous êtes trop modeſte.

LA MERE Sᴛᴇ. HELENE.

Je ſuis comme une religieuſe doit être, Madame.

L'ABBESSE.

Fort bien. Mais, Docteur, je ne comprends pas quelle ſubſtance il peut reſter dans un os que l'on a fait bouillir ou rôtir.

M. FEBRUGIN.

Eh ! Madame, les os ne ſont pas autre choſe qu'une ſubſtance ance.

L'ABBESSE.

Les os ? je les regarde comme des pierres.

M. FEBRUGIN.

C'eft que Madame n'en a jamais vu dans une entiere diffolution.

L'ABBESSE.

Comment, on les diffout abfolument ?

M. FEBRUGIN.

Oui , Madame ; demandez au Pere ere fi ce n'eft pas une opération on , ou , pour mieux dire , un procédé de phyfique ique.

LE PERE SATURNIN.

Sûrement.

LA MERE Ste. HELENE.

Vous voyez bien que le Docteur fait la phy-fique. Ah ! mon Dieu , l'habile homme !

L'ABBESSE.

Comment, Docteur , on peut amollir les os ?

M. FEBRUGIN.

Oui, Madame, avec la marmitte de Papin in.

L'ABBESSE.

C'eft donc un grand cuifinier ?

M. FEBRUGIN.

Non , Madame ame ; mais c'étoit un phyfi-cien ien.

SCENE DERNIERE.

L'ABBESSE, LA MERE Ste. HELENE, LA MERE St. BASILE, JULIE, M. FE-BRUGIN, LE PERE SATURNIN.

JULIE, *criant de sa fenêtre.*

GARE l'eau. (*Elle jette un gros os, qui tombe sur la tête de Monsieur Februgin.*)

M. FEBRUGIN.

Ah ! mon Dieu ! qu'est-ce que c'est que cela la ?

LA MERE St. HELENE.

Mais, Mademoiselle, qu'est-ce que vous faites donc ?

JULIE.

Ma Mere, je suis l'ordonnance de Monsieur le Docteur.

L'ABBESSE.

Etes-vous blessé, Docteur ?

M. FEBRUGIN.

Non, non, je n'ai que mal à l'oreille, mais bien fort ort.

L'ABBESSE.

Mes sœurs, faites entrer le Docteur.

M. FEBRUGIN.

Je vais aller dans ma chambre ambre.

LE PERE SATURNIN.

Oui, & fi vous m'en croyez, vous boirez un grand coup de vin. Venez, venez.

LA MERE St. BASILE.

Ah! mon Dieu! quel malheur! parce que...

LA MERE Ste HELENE, *à Julie qui eft defcendue.*

Mais dites donc, Julie, vous criez *gare l'eau ;* & vous jettez fur le Docteur.

JULIE.

Sans doute, je l'ai vifé; il m'avoit dit : Jettez-moi cela par la fenêtre.

LA MERE Ste. HELENE.

Peut-on faire des chofes comme celles-là ? Allons, venez voir le Docteur, & lui demander pardon.

LA
QUEUE DU CHIEN.

QUATRE-VINGT-SEIZIEME PROVERBE.

PERSONNAGES.

M. DE MONTRICHARD, *Bourgeois, Seigneur du village.*

M. DE MALINVAL, *Bourgeois, Seigneur voisin.*

LA MERE BABOLEIN, *Payſanne de Montrichard.*

GENEVIEVE, *Fille de la mere Babolein.*

LA FORET, *Concierge de Monſieur de Montrichard.*

BLUTEAU, *Garde-moulin de Monſieur de Malinval.*

La Scene eſt à Montrichard, proche du Château.

LE

LA
QUEUE DU CHIEN.

PROVERBE.

SCENE PREMIERE.

GENEVIEVE, BLUTEAU.

(Ils courent tous deux , ſe rencontrent & penſent tomber.)

GENEVIEVE.

Sais-tu bien que tu as penſé me faire tomber, Bluteau ?

BLUTEAU.

Oh que nenin, j'eſtois bien ſûr de te retenir ; mais pourquoi courois-tu ſi fort ?

GENEVIEVE.

Parce que je t'avions vu arriver de l'autre cô-té du petit bois , & que je voulions te rencon-

trer quand tu ſerois au bout, pour voir ta ſurpriſe ; mais tu es arrivé trop tôt.

BLUTEAU.

Ah ! je ne croyons pas ça.

GENEVIEVE.

Tu ne le crois pas ?

BLUTEAU.

Je dis, que je ne croyons pas pouvoir arriver
trop tôt auprès de toi.

GENEVIEVE.

Ah! bon comme ça.

BLUTEAU.

Tiens, Genevieve, ſi tu ſavois en courant de
chez nous ici, il me ſemblions que je galopions
après le bonheur.

GENEVIEVE.

Et moi, je croyons aller au devant.

BLUTEAU.

Eh bien, je ne nous trompions pas, piſque
nous velà enſemble.

GENEVIEVE.

C'eſt bien dit ; mais nous parlerons de cela
après.

BLUTEAU.

Et de quoi que veux-tu donc que je parlions
en attendant ?

GENEVIEVE.

De notre mariage.

BLUTEAU.

Ah bain, c'eſt là ce que je voulions dire.

GENEVIEVE.

Mais c'eſt que ma mere dit comme ça, que ça
ne ſe fera peut être pas.

BLUTEAU.

Mais tu ſais bien de quoi ce que je ſommes
convenu.

GENEVIEVE.

C'eſt que notre Seigneur d'ici ...

BLUTEAU.

Monſieur de Montrichard ?

GENEVIEVE.

Oui, il ne voudra peut-être pas y conſentir ,
& ça ne peut pas ſe faire ſans ly , à ce que dit
ma mere.

BLUTEAU.

S'il ne tient qu'à ça , je le prierons de la nôce;
moi j'en ai déjà prié le Seigneur de cheux nous,
& il va venir ici pour ly en toucher une parole ; il
eſt ſon ancien ami, Monſieur de Malinval.

GENEVIEVE.

Il t'a promis de parler pour nous ?

BLUTEAU.

Sûrement, & pis y ne font ni nos parents , ni nos amis , au bout du compte , y ne font que nos maîtres ; & cet autre Monfieur que vous avez ici au château qui eft là … comment que ça s'appelle ?

GENEVIEVE.

Le concierge ?

BLUTEAU.

Oui , velà ce que c'eft.

GENEVIEVE.

Il s'appelle Monfieur de la Forêt , il aimoit bain défunt mon pere , il parlera auffi.

BLUTEAU.

Allons , c'eft bon , le velà juftement qui venont par ici.

GENEVIEVE.

Monfieur de la Forêt ?

BLUTEAU.

Oui , regarde.

GENEVIEVE.

Ah ! c'eft vrai.

SCENE II.

GENEVIEVE, LA FORET, BLUTEAU.

LA FORET.

BON jour, mes enfants ; eh bien, comment va l'amour ? vous me paroiffez triftes.

BLUTEAU.

L'amour va bain, Monfieur de la Forêt, mais le mariage n'avance pas, & Genevieve craint qu'il ne foit embourbé.

LA FORET.

Eft-ce que Monfieur de Malinval n'arrive pas ?

BLUTEAU.

Oh, je me fions à fa parole, il va venir.

LA FORET.

Eh bien, c'eft bon. Ne vous aime-t-il pas ?

BLUTEAU.

Oui, car il m'a dit comme ça que fi je faifions un bon ménage, il en feroit fort aife. Vous voyez bien qu'il compte que je ferons mariés.

LA FORET.

Cela n'eft pas douteux. Et votre mere, où eft-elle, Genevieve ?

GENEVIEVE.

Elle eſt allé à la commune voir ſi l'on a bain ſoin de not vache ; car elle l'aime preſque autant que moi, Monſieur de la Forêt.

LA FORET.

Et elle viendra ici ?

GENEVIEVE.

Voilà ce que je craignons.

LA FORET.

Comment ?

GENEVIEVE.

Dame, c'eſt que quand elle parlera, ça gâtera peut-être tout.

LA FORET.

Laiſſez, laiſſez nous faire, qu'elle ne diſe rien que Monſieur de Malinval n'ait parlé à Monſieur de Montrichard.

BLUTEAU.

Ils ſont bain bons amis, à ce que l'on dit.

LA FORET.

Ils ſe connoiſſent depuis long-temps, ils ſe ſont toujours fait quelques tours, & ils ſe moquent toujours l'un de l'autre.

BLUTEAU.

Eh bain, voilà ce que j'appelle de l'amitié ; on ne ſe moque jamais de quelqu'un qu'on n'aime pas. On ne ſe moque que pour rire, & non pas pour ſe fâcher.

GENEVIEVE.

Il a raiſon Bluteau, n'eſt-ce pas, Monſieur de de la Forêt ?

LA FORET.

Oui, oui, Genevieve.

BLUTEAU.

Ah ! velà Monſieur de Malinval.

LA FORET.

Eh bien, laiſſez moi avec lui, je vais ſavoir s'il a de bonnes intentions pour vous, & vous reviendrez avec votre mere, Genevieve, vous entendez ?

GENEVIEVE.

Oui, oui, Monſieur de la Forêt.

SCENE III.

M. DE MALINVAL, LA FORET.

M. DE MALINVAL.

VOILA donc nos amoureux qui s'en vont enfemble ; font-ils contents au moins ?

LA FORET.

Il me paroît qu'ils efpérent que vous parlerez
pour eux.

M. DE MALINVAL.

Je l'ai promis, & puis j'aime Bluteau. Mon
meûnier, parce qu'il eft trop riche, commence
à faire l'infolent ; à la fin de fon bail je le ren-
verrai.

LA FORET.

Et vous donnerez votre moulin à Bluteau ?

M. DE MALINVAL.

Voilà ce que je compte faire.

LA FORET.

Il faudra le dire à notre Monfieur ; car la mere Babolein craint qu'il ne veuille pas que fa fille
fe marie.

M. DE MALINVAL.

Les vieilles gens ont toujours peur, & ils veu-

lent toujours fe plaindre. Eft - il chez lui Montrichard ?

LA FORET.

Non , il eft ici près à faire enclore plufieurs
arpents qu'il vient d'acheter.

M. DE MALINVAL.

Il eft donc toujours agriculteur ?

LA FORET.

Plus que jamais. Croyez-vous que depuis trois
mois que vous ne l'avez vu il aura changé ?

M. DE MALINVAL.

Je ne le trouve plus fi gai qu'il étoit.

LA FORET.

Il fait pourtant toujours les mêmes chofes , je
ne fais pas pourquoi.

M DE MALINVAL.

Nous nous fommes faits de bons tours, n'eft-
ce pas , la Forêt ?

LA FORET.

Oui , cela n'alloit pas mal , celui de il y a deux
ans fur-tout.

M. DE MALINVAL.

Ah! de fon chien Loulou ? il m'en a coûté
dix louis ; mais je le méritois bien.

LA FORET.

Vous le méritiez ?

M. DE MALINVAL.

Oui, il l'a su, je crois, voilà pourquoi nous avons parié.

LA FORET.

J'étois allé à mon pays dans ce temps-là, je n'ai pas su tout cela.

M. DE MALINVAL.

Tu ne sais pas que Madame de Marisin, qui demeure ici tout près, nous avoit donné à chacun un petit chien Loup?

LA FORET.

Pardonnez moi.

M. DE MALINVAL.

Il vint en fantaisie à Montrichard de parier contre moi que son chien auroit la queue plus belle que le mien.

LA FORET.

Quelle idée!

M. DE MALINVAL.

Je m'informai de ce que je pourrois faire pour empêcher le poil de la queue du sien de grandir, & je la fis frotter avec une drogue qu'on me donna, ensuite je lui offris de parier dix louis que la queue du mien seroit plus belle.

LA FORET.

Cela n'étoit pas de bonne foi.

M. DE MALINVAL.

On me dit que le poil tomboit , & je m'en allai paffer deux mois à Paris.

LA FORET.

Lorfque vous revintes , la queue de Loulou étoit fuperbe ?

M. DE MALINVAL.

Je ne pus difconvenir au moins qu'elle étoit plus belle que celle du mien.

LA FORET.

Oh ! le tour de notre Monfieur valoit bien le vôtre.

M. DE MALINVAL, *à part.*

Le tour !

LA FORET.

J'en ai bien ri toujours , quand on m'a conté cela à mon retour. Ah , ah , ah , ah ! je ne peux pas m'empêcher d'en rire encore ; pardonnez le moi. *Il rit.*

M. DE MALINVAL.

J'en ris moi - même auffi quand j'y penfe. (*à part.*) Tâchons de favoir (*haut.*) Cette idée étoit fort bonne.

LA FORET.

Oui ; mais le pari une fois gagné , je ne vois pas pourquoi il a continué de faire toujours la même chofe ; c'eft moi qui en ai la peine , &

c'eſt à recommencer quelquefois deux ou trois fois par jour, & depuis un an & demi que j'en ſuis chargé, je m'en ennuie.

M. DE MALINVAL.

Cela eſt un peu long.

LA FORET.

Je ne ſais pas où va ſe fourrer ce diable de chien, on ne peut pas le lâcher que ſa queue ne ſoit perdue, il faut lui en remettre une tout de ſuite.

M. DE MALINVAL.

Oui. Il faut que vous en ayiez beaucoup de toutes prêtes? Vous les faites avec de la ....

LA FORET.

De la filaſſe ; j'en ai plein ma chambre : quand je n'ai rien à faire, c'eſt à quoi je m'amuſe, & perſonne n'en ſait rien que vous & moi.

M. DE MALINVAL.

Je l'ai ſu tout de ſuite.

LA FORET.

Je le comprends bien. N'en parlez à perſonne.

M. DE MALINVAL.

Je n'ai pas dit à Montrichard que je le ſavois ; il ne s'en doute pas.

LA FORET.

Non? il ne vous a donc pas rendu vos dix louis?

M. DE MALINVAL.

Pas encore, je ne fuis pas preffé, je veux
attendre le moment.

LA FORET.

Le voici, ne dites pas que nous avons parlé
de cela.

M. DE MALINVAL.

J'ai bien d'autres chofes à lui dire.

LA FORET.

Ah! oui, le mariage de Bluteau & de Genevieve.

SCENE IV.

M. DE MONTRICHARD, M. DE MALIN-VAL, LA FORET.

M. DE MONTRICHARD.

Eh! bon jour, Malinval, bon jour, mon ami.

M. DE MALINVAL.

Il n'y a que deux jours que je fuis ici; pendant que je fuis feul, je fuis venu vous voir.

M. DE MONTRICHARD.

Vous coucherez ici?

M. DE MALINVAL.

Sûrement.

M. DE MONTRICHARD.

Allons, tant mieux ! j'attends des **Dames** de Paris, nous rirons un peu.

M. DE MALINVAL.

Nous verrons auſſi Loulou ; a-t-il toujours ſa belle queue ?

M. DE MONTRICHARD.

Ah ! je vous en réponds. La Forêt ? *Il lui fait ſigne d'aller voir ſi le chien a la queue.*

LA FORET.

Oui, oui, Monſieur, j'entends, j'y vais.

SCENE V.

M. DE MALINVAL, M. DE MONTRICHARD.

M. DE MALINVAL.

Il me ſemble que la Forêt entend à demi-mot.

M. DE MONTRICHARD.

Oui, je l'ai accoutumé à cela. Je n'aime pas les domeſtiques à qui il faut tout expliquer devant le monde.

M. DE MALINVAL.

Vous avez bien raifon, parce qu'il y a bien des chofes qu'on ne veut pas dire tout haut.

M. DE MONTRICHARD.

C'eft cela même.

M. DE MALINVAL.

Vous voyez que je vous ai deviné.

M. DE MONTRICHARD.

Ah ! pas tout-à-fait.

M. DE MALINVAL.

Je vous le prouverai dans un autre moment.

M. DE MONTRICHARD.

Ah ! je parie bien que non.

M. DE MALINVAL.

Eh bien, voulez-vous me donner ma revan-che de mes dix louis ?

M. DE MONTRICHARD.

Je ne fuis pas en humeur de parier aujourd'hui.

M. DE MALINVAL.

Comme vous voudrez. La Foret ma dit...

M. DE MONTRICHARD.

Quoi donc ?

M. DE MALINVAL.

Que vous vous occupiez toujours de l'agri-culture.

M. DE MONTRICHARD.

Ah ! c'eſt cela ?

M. DE MALINVAL.

Oui. De quoi croyiez-vous donc qu'il m'avoit parlé ?

M. DE MONTRICHARD.

De rien, c'étoit d'agriculture. Je fais entourer un champ aſſez conſidérable.

M. DE MALINVAL.

Pourquoi faire ?

M. DE MONTRICHARD.

C'eſt là mon ſecret.

M. DE MALINVAL.

Mais ſi c'eſt une entrepriſe conſidérable, je ſerai de moitié avec vous.

M. DE MONTRICHARD.

De frais ?

M. DE MALINVAL.

Et de rapport. Vous ſavez bien que, lorſque nous étions dans les vivres tous les deux…

M. DE MONTRICHARD.

Cela étoit bien différent. Ce que je veux faire c'eſt du ſalpêtre.

M. DE MALINVAL.

Et avez-vous de la graine ?

M.

M. DE MONTRICHARD.

De la graine ?

M. DE MALINVAL.

Oui , j'en ai moi ; cela vient comme des champignons ; c'eft fur des couches.

M. DE MONTRICHARD.

Il eft vrai. Diable ! vous favez donc le fecret ?

M. DE MALINVAL.

Je vous en réponds : c'eft un Juif Allemand qui m'a inftruit ; cela rapporte des millions.

M. DE MONTRICHARD.

Et il faut de la graine ?

M. DE MALINVAL.

Sans doute.

M. DE MONTRICHARD.

Eh bien , venez voir fi mes couches font bien préparées.

M. DE MALINVAL.

Je le veux bien. Chemin faifant , je vous parlerai d'une affaire qui regarde la fille de la mere Babolein.

M. DE MONTRICHARD.

Eh bien, allons.

M. DE MALINVAL.

Et vous me ferez voir , en revenant, Loulou ?

Tome VIII. H

M. DE MONTRICHARD.

Tant que vous le voudrez.

M. DE MALINVAL.

Et nous reviendrons ici.

M. DE MONTRICHARD.

Ou chez moi.

M. DE MALINVAL.

Non, ici.

M. DE MONTRICHARD.

Je le veux bien, partons. (*Il s'en va.*)

SCENE VI.

M. DE MALINVAL, BLUTEAU.

BLUTEAU.

EH bien, Monsieur, avez-vous parlé pour nous à Monsieur de Montrichard ?

M. DE MALINVAL.

Non pas encore ; mais nous allons revenir ici, cela sera fait, vous n'aurez qu'à vous y trouver tous. (*Il s'en va.*)

BLUTEAU.

Allons, j'ons bonne espérance. Je m'en vais chercher Genevieve & sa mere. (*Il s'en va.*)

SCENE VII.

LA MERE BABOLEIN , GENEVIEVE,
*arrivant du côté opposé par où Bluteau
s'en est allé.*

LA MERE BABOLEIN.

CE que je te dis, Genevieve, c'est parce qu'il faut que les honnêtes gens ne faffent de tort à perfonne, premiérement & d'un.

GENEVIEVE.

Vous avez raifon, ma mere ; je ne comprenons pourtant rien à tout cela.

LA MERE BABOLEIN.

Vraiment, je le croyons bain, pifque je ne te l'avons pas dit.

GENEVIEVE.

Mais, eft-ce que mon pere, qui étoit jardinier de Monfieur de Montrichard, lui auroit volé fon fruit pour le vendre ?

LA MERE BABOLEIN.

Comment ! vous parlez comme çà de votre pere !

GENEVIEVE.

Mais, Dame, moi je ne fais qu'imaginer.

H 2

LA MERE BABOLEIN.

Tredame, je fommes pauvres ; mais j'ons toujours eu de l'honneur.

GENEVIEVE.

Eh bain, il ne faut pas vous fâcher pour ça.

LA MERE BABOLEIN.

Je me fâche, parce que j'ai raifon. Eft-ce que fi j'avions été des coquins une fois, je ne le ferions pas encore ? Tiens, mon enfant, quand on a pris goût au bien d'autrui, cela eft fi commode, qu'on ne s'en corrige jamais.

GENEVIEVE.

Et qu'eft-ce que vous avez donc à dire à Monfieur de Montrichard ?

LA MERE BABOLEIN.

Velà ce que tu fauras quand je lui en parlerons ; car je ne me cacherons pas, je le dirons devant tout le monde.

GENEVIEVE.

Et ça nous empêchera de nous marier ?

LA MERE BABOLEIN.

Ah ! dame, j'en ons bain peur ; c'eft felon qu'il s'avifera.

GENEVIEVE.

Et s'il va mal s'avifer ?

LA MERE BABOLEIN.

Tant pis pour toi , mon enfant.

GENEVIEVE.

Mais fi vous vouliez le dire à Bluteau tant feulement , il vous détourneroit peut-être de cette
mauvaife penfée-là , voyez-vous.

LA MERE BABOLEIN.

Voilà pourquoi je veux m'en taire à vous
autres.

GENEVIEVE.

Mais enfin , fi , malgré tout ça , Bluteau veut
toujours bain de moi , eft-ce que vous ne voudrez pu de lui ?

LA MERE BABOLEIN.

Mais c'eft qu'il n'en voudra pu de toi.

GENEVIEVE.

Je ne crois pas ça.

LA MERE BABOLEIN.

C'eft que tu ne fais pas comme les hommes
font intéreffés , mon enfant. T'as beau être bain
jolie , le fond du fac gâte tout.

GENEVIEVE.

Le fond du fac ?

LA MERE BABOLEIN.

Oui , quand on le voit , c'eft qu'il n'y a rien
dedans.

H 3

GENEVIEVE.

Il eſt meûnier, il le remplira. Je ſuis ſûre qu'il vous diroit ça s'il étoit ici.

LA MERE BABOLEIN.

Je te défends de l'y en ouvrir la bouche avant que j'ayions parlé à notre Monſieur, entends-tu ?

GENEVIEVE.

Je n'en dirons rien. Mais cherchons-le ; car j'ai beſoin de le voir pour me conſoler de tout le chagrin que vous venez de me donner.

LA MERE BABOLEIN.

A la bonne heure., auſſi bain velà du monde qui vient de ce côté-ci.

GENEVIEVE.

C'eſt ce Monſieur de Malinval, avec Monſieur de la Foret.

LA MERE BABOLEIN.

C'eſt la raiſon pourquoi il faut nous en aller ; Bluteau nous dira quand il faudra que je revenions.

SCENE VIII.

M. DE MALINVAL, LA FORET.

M. DE MALINVAL.

LA Forêt ; elle est belle aujourd'hui la queue de Loulou.

LA FORET.

Je le crois bien, je l'avois choisie exprès.

M. DE MALINVAL.

Je l'ai bien vu tantôt te faire signe, quand j'ai parlé de lui.

LA FORET.

Je craignois que vous n'en disiez quelque chose.

M. DE MALINVAL.

Je t'avois promis que non. Qu'est-ce que c'est que cet homme noir avec qui nous l'avons laissé ?

LA FORET.

C'est celui qui fait apprêter le nouvel enclos.

M. DE MALINVAL.

Pour faire du salpêtre ?

LA FORET.

Oui, c'est comme cela qu'il l'appelle.

H 4

M. DE MALINVAL.

Diable ! il va lui dire que je me fuis moqué
de lui avec la graine que je lui avois promife ;
mais le voici qui vient , allez chercher Bluteau,
Genevieve & fa mere.

LA FORET.

Je vais vous les amener.

SCENE IX.

M. DE MALINVAL, M. DE MONTRICHARD.

M. DE MALINVAL.

Que diable avois-tu donc à faire à cet homme ?

M. DE MONTRICHARD.

Oh ! rien.

M. DE MALINVAL.

Rien ? je le connois.

M. DE MONTRICHARD.

Je parie que non.

M. DE MALINVAL.

C'eft ton faifeur de falpêtre.

M. DE MONTRICHARD.

Il eft vrai. Comment as-tu découvert cela ?

M. DE MALINVAL.

Je suis auffi fin que toi.

M. DE MONTRICHARD.

Ah ! pas tout-à-fait ; car tu as voulu m'attra-
per tantôt.

M. DE MALINVAL.

Comment ?

M. DE MONTRICHARD.

Je m'entends bien , je n'ai pas été ta dupe.

M. DE MALINVAL.

Explique-moi donc....

M. DE MONTRICHARD.

Je ne mé fervirai pas de ta graine de falpêtre.

M. DE MALINVAL.

Pourquoi cela ?

M. DE MONTRICHARD.

J'en aurai de meilleure.

M. DE MALINVAL.

Ah ! cela eft bien fin ! On t'a défabufé.

M. DE MONTRICHARD.

Point du tout ; je me fuis moqué de toi en faifant femblant de le croire.

M. DE MALINVAL.

Ah ! il fait bon battre glorieux.

M. DE MONTRICHARD.

Mais fi j'avois été ta dupe, je ferois fâché à préfent, & je ne confentirois pas au mariage de Genevieve avec Bluteau, pour me venger de toi.

M. DE MALINVAL.

A propos, donne-moi ta parole que, quelque chofe que te dife la mere de Genevieve, le mariage aura toujours lieu.

M. DE MONTRICHARD.

Je te le promets.

M. DE MALINVAL.

Ils vont venir, la Forêt eft allé les chercher,

M. DE MONTRICHARD.

Les voici.

SCENE DERNIERE.

M. DE MONTRICHARD , GENEVIEVE, LA MERE BABOLEIN, M. DE MALINVAL, LA FORET , BLUTEAU.

M. DE MONTRICHARD.

Bon jour, la mere Babolein ; je fuis bien aife que vous mariez Genevieve , j'aimois fort fon pere, Pierre Babolein ; il étoit bon jardinier , & honnête homme.

LA MERE BABOLEIN.

Monfieur a bien de la bonté ; mais ce qu'il dit là de notre homme étoit bien vrai. Vois-tu , Genevieve, c'eft toujours par où il faut commencer , par être honnêtes gens ; je te le difois tantôt.

GENEVIEVE.

J'ai toujours dit comme vous , ma mere.

LA MERE BABOLEIN.

Monfieur , comme je vous regardons toujours comme notre ancien maître , je n'ons pas voulu marier cette enfant fans vot permiffion , parce que c'eft notre devoir.

M. DE MONTRICHARD.

Eh bien, j'y confens; Malinval & moi nous aurons foin de leurs affaires. Bluteau eft un bon garçon, & s'il veut travailler…

BLUTEAU.

Ah ! Monfieur, je travaillerons le jour & la nuit.

LA MERE BABOLEIN.

Bluteau convient bien à ma fille, il me convient bien à moi ; mais écoutez donc la raifon de ça.

M. DE MONTRICHARD.

Je vous devine, vous avez peur de refter toute feule ; ils n'ont qu'à vous prendre avec eux.

M. DE MALINVAL.

Oui ; mais, Montrichard, tu leur donneras quelque chofe pour la nourrir ?

M. DE MONTRICHARD.

Sans doute, & puis ils pourront louer la maifon que j'avois donné à la mere Babolein.

M. DE MALINVAL.

Allons, mes enfants, vous devez être tous contents.

BLUTEAU.

Ah! pour cela oui, je le fommes ; n'eft-ce pas, Genevieve ?

GENEVIEVE.

Oui , Bluteau ; mais je voudrois bien que ma mere le fût autant que nous.

M. DE MALINVAL.

Qu'avez-vous donc , bonne femme ?

LA MERE BABOLEIN.

Ah ! Monfieur , c'eft que ce mariage-là n'eft pas encore fait.

M. DE MONTRICHARD.

Pourquoi n'eft-il pas fait ?

LA MERE BABOLEIN.

C'eft que vous ne favez pas tout , Monfieur.

M. DE MONTRICHARD.

Qu'eft-ce qu'il y a encore ?

LA MERE BABOLEIN.

Ah ! Monfieur , il ne dépend que de vous qu'il foit fait ; parce que je n'avons pas tant de bien qu'on le croit.

M. DE MONTRICHARD.

Mais vous avez votre maifon.

LA MERE BABOLEIN.

Nous avons auffi la vache.

M. DE MONTRICHARD.

Et ce que je donnerai pour votre nourriture.

LA MERE BABOLEIN.

Cela eft bien vrai, Monfieur ; mais voilà tout.

BLUTEAU.

Allons donc , la mere , vous ne comptez pas le trouffeau de votre fille qu'elle a filé elle-même , nous aurons de quoi faire de la toile pour bien long-temps.

LA MERE BABOLEIN.

Eh bain , voilà ce que je voulons dire qui n'eft pas à nous ; & depuis qu'il eft queftion de vot mariage , ça me donne bien du chagrin , je n'en dors ni jour , ni nuit.

M. DE MONTRICHARD.

Pourquoi donc cela, la mere, expliquez-vous.

LA MERE BABOLEIN.

Ah ! Monfieur , quand on a toujours eu une bonne réputation , il eft bien malheureux. . . .

M. DE MONTRICHARD.

Ne pleurez pas , & achevez...

LA MERE BABOLEIN.

C'eft que Bluteau ne voudra peut-être plus de ma fille , quand il faura que ce trouffeau n'eft pas a elle ?

M. DE MONTRICHARD.

Et à qui eft-il ?

LA MERE BABOLEIN.

A vous, Monſieur.

M. DE MONTRICHARD.

Quoi ! vous m'auriez volé ?

LA MERE BABOLEIN.

Non, Monſieur, nous ne l'avons pas été chercher ; mais ce qu'elle a filé . . .

M. DE MONTRICHARD.

Eh bien ?

LA MERE BABOLEIN.

C'eſt la queue de votre chien Loulou.

M. DE MALINVAL.

Qu'eſt-ce qu'elle veut donc dire, Montrichard?

M. DE MONTRICHARD.

Elle eſt folle.

LA MERE BABOLEIN.

Non, Monſieur, mais je ſuis honnête femme.

M. DE MONTRICHARD.

Allons, allez-vous-en.

LA MERE BABOLEIN.

Monſieur, que je vous diſe : la premiere fois
que le chien eſt venu, il ſe tourmentoit, & Genevieve lui a ôté la filaſſe qui étoit à ſa queue ;
il l'a bien careſſé, & depuis il eſt venu tous les
jours, quelquefois deux fois, pour la prier de
lui ôter cette filaſſe.

M. DE MALINVAL.

Quoi ! la queue de Loulou eſt de filaſſe ?

LA MERE BABOLEIN.

Quand j'en avons eu un peu , Genevieve s'eſt miſe à la filer , & cela a augmenté , & puis velà que cela lui a fait un trouſſeau.

LA FORET , *bas à Monſieur de Montrichard.*

Nous avions beau chercher dans les haies.

M. DE MONTRICHARD.

Veux-tu te taire ?

M DE MALINVAL.

Montrichard , tu me rendras mes dix louis.

M. DE MONTRICHARD , *bas à part.*

La peſte ſoit de la femme !

LA MERE BABOLEIN.

Vous voyez bien que ce trouſſeau n'eſt pas à Genevieve , à moins que Monſieur n'ait la bonté de lui donner toutes ces queues de chien qu'elle a filées.

M. DE MALINVAL.

Allons , Montrichard , tu ne peux pas les lui refuſer ; & puis je les ai bien payées.

M. DE MONTRICHARD.

Oui , ris , ris , tu en as toujours été la dupe , conviens-en.

M.

M. DE MALINVAL.

Tu crois que je ne le favois pas. Allons, finis donc tout cela, ne laiſſe pas plus long-temps ces bonnes gens dans l'inquiétude.

M. DE MONTRICHARD.

Oui, je vais le finir ; & pour leur prouver que je ne prétends pas qu'ils m'aient volé, je vais leur donner tes dix louis, qui ne font pas plus à moi qu'à eux.

M. DE MALINVAL.

J'y confens de bon cœur.

LA FORET.

Et vous faites bien, Monſieur ; car fans cela j'aurois dit que vous aviez toujours perdu.

M. DE MONTRICHARD.

Perdu ?

M. DE MALINVAL.

La Forêt....

LA FORET.

Eh bien, Monſieur, dites-le vous-même.

M. DE MALINVAL.

A préfent je le peux ; je t'avois attrapé le premier, Montrichard. (*Il rit.*)

M. DE MONTRICHARD.

Et comment ?

Tome VIII.   I

M. DE MALINVAL.

J'avois fais frotter la queue de ton chien avec une drogue qui empêche le poil de revenir. (*Il rit.*)

M. DE MONTRICHARD.

Il faut avouer que tu es un grand coquin !

M. DE MALINVAL.

A-peu-près comme toi.

M. DE MONTRICHARD.

Oui ; mais ma supercherie a fait du bien à ces gens-là , & la tienne n'enrichit personne.

M. DE MALINVAL.

Et mes dix louis donc, les auroient - ils eus sans cela ?

M. DE MONTRICHARD.

Ah ! tu as raison. Allez , mes enfants , je souhaite que vous soyez toujours heureux. (*Il donne les dix louis.*)

BLUTEAU.

Ah ! Monsieur , je le sommes déjà , n'est - ce pas Genevieve ?

GENEVIÈVE.

Sûrement, puisque rien ne nous empêchera plus de nous épouser , & que ma mere sera contente. (*Elle l'embrasse.*)

LA MERE BABOLEIN.

Monsieur , je ne pouvons assez vous remercier.

M. DE MONTRICHARD.

Soyez toujours auſſi honnêtes gens, & vous n'aurez rien à vous reprocher.

M. DE MALINVAL.

Oui ; mais ſoyez toujours joyeux, la gaieté eſt le premier bien de la vie.

LE
BON SEIGNEUR.

QUATRE-VINGT-DIX-SEPTIEME PROVERBE.

PERSONNAGES.

M. DE VALBON, *Seigneur du village.*
DUCHESNE, *Concierge du château.*
HENRIETTE, *Fille de Duchesne, Concierge du château.*
LA BAILLIVE, *Veuve.*
PIERRE LE NOIR, *Procureur-Fiscal.*
DU SILLON, *Fermier.*

La Scene est dans le Sallon du Château.

L E

BON SEIGNEUR.

P R O V E R B E.

SCENE PREMIERE.

HENRIETTE, DU SILLON.

DU SILLON.

Non, ma chere Henriette, vous ne m'aimez pas autant que vous le dites.

HENRIETTE.

C'eſt-à-dire, que vous aimez mieux me croire coquette.

DU SILLON.

Vous ? Non, je ne le penſe pas, je vous le jure; vous êtes trop ſage pour cela.

HENRIETTE.

Mais ſi vous imaginez que je vous trompe.

I 4

DU SILLON.

Je ne crois pas que vous me trompiez ; mais je veux dire que si vous m'aimiez, vous ne vous opposeriez pas au desir que j'ai de vous épouser.

HENRIETTE.

Eh ! croyez-vous que je ne le desire pas autant que vous ?

DU SILLON.

Pourquoi retarder chaque jour de sonder Monsieur Duchesne votre pere sur ce mariage ? Il est concierge du château, il est vrai ; mais nous appartenons au même maître, puisque je suis fermier de Monsieur de Valbon.

HENRIETTE.

Il est vrai ; mais si mon pere avoit un autre parti en vue, comment ferions-nous ? voilà ce que je crains d'apprendre.

DU SILLON.

Et s'il n'en a pas, en retardant encore de lui parler, il s'en présentera sûrement. Chaque jour vous devenez plus jolie ; croyez-vous qu'il n'y a que moi qui s'en apperçoive ?

HENRIETTE.

Je le voudrois au moins.

DU SILLON.

Vous le voudriez, ma chere Henriette ?

HENRIETTE.

Oui , je ne veux plaire qu'à vous, & toute ma vie.

SCENE II.

LA BAILLIVE, HENRIETTE, DU SILLON.

LA BAILLIVE.

Oui , comptez fur cela , Du Sillon.

HENRIETTE.

Comment , Madame la Baillive , que voulez-vous dire ?

LA BAILLIVE.

Que vous fouffrez que le Procureur-Fifcal foit amoureux de vous.

HENRIETTE.

Le Procureur-Fifcal ?

LA BAILLIVE.

Oui , Pierre le Noir. Il le dit à tout le monde , il n'y a qu'à moi qu'il veut le cacher : mais tout fe fait , à la fin.

DU SILLON.

Henriette , il feroit vrai ?

HENRIETTE.

Eh! croyez – vous plutôt Madame la Baillive que moi ?

DU SILLON.

Non, non, j'ai tort, j'en conviens; & vous avez raison de vous fâcher.

HENRIETTE.

Je ne me fâche pas, Du Sillon ; vous aimez, vous êtes jaloux, on dit que tous les hommes sont comme cela.

DU SILLON.

Non, je ne le suis pas, je vous estime trop pour le devenir jamais. Cependant ne puis-je pas craindre que Pierre le Noir veuille vous épou‑ser, & que votre pere n'y consente ?

LA BAILLIVE.

Oh, ne craignez rien, Du Sillon, je l'attends, moi, Pierre le Noir ; je voudrois qu'il s'avisât de vouloir me devenir infidele, après tout ce qu'il ma promis du vivant du pauvre défunt.

DU SILLON.

Et que vous a-t-il donc promis ?

LA BAILLIVE.

Que si le Bailli venoit à mourir, il m'épouse‑roit : il est mort, il y a six mois, comme vous sa‑vez, & je n'attends que la fin de mon deuil pour le forcer de me tenir sa parole.

DU SILLON.

Eh, comment pourriez-vous le forcer ?

LA BAILLIVE.

Vous favez quel eft le caractere de Monfieur de Villebon ?

DU SILLON.

Notre maître ? c'eft bien le meilleur humain qu'il y ait fur la terre. Il veut que tout foit heureux ici.

LA BAILLIVE.

Oui ; mais il eft toujours de l'avis du dernier qui lui parle, & quand Pierre le Noir & le pere d'Henriette lui auront parlé, je lui parlerai, moi, je lui parlerai.

DU SILLON.

Mais pourquoi ne pas lui parler avant eux ?

LA BAILLIVE.

Je vous dis que cela feroit inutile ; & puis fongez donc que je fuis trop nouvellement veuve pour ofer lui montrer le defir de me remarier : laiffez-moi faire, & comptez fur moi ; d'ailleurs, je vous confeillerai fur cela Du Sillon ; mais il faut bien cacher votre amour à tout le monde.

DU SILLON.

Pourvu que je puiffe voir Henriette autant que je le defire, & que je puiffe l'affurer que je l'aimerai toujours, je ferai tout ce que vous voudrez.

LA BAILLIVE.

J'entends quelqu'un ; c'eſt juſtement Pierre le Noir, venez avec moi, Du Sillon.

SCENE III.

HENRIETTE, PIERRE LE NOIR.

PIERRE LE NOIR.

Ah, ah, Madame la Baillive s'en va avec Du Sillon ; cette femme - là aime furieuſement les garcons.

HENRIETTE.

C'eſt bien mal fait à vous, Pierre le Noir , de parler comme cela d'elle.

P. LE NOIR.

Je n'en parle pas par envie, aſſurément.

HENRIETTE.

La jalouſie rend ſouvent injuſte.

P. LE NOIR.

Quoi, vous imaginez que je pourrois en être jaloux !

HENRIETTE.

Mais je n'en ſerois pas ſurpriſe ; quand on doit s'épouſer & qu'on s'aime, cela peut arriver, à ce qu'on dit.

P. LE NOIR.

Comment, vous croiriez que je pourrois l'é-
poufer !

HENRIETTE.

Je fais que vous le devez.

P. LE NOIR.

Ah ! cette crainte me charme.

HENRIETTE.

Comment donc, pourquoi ?

P. LE NOIR.

Elle me prouve tout ce que je defirois de favoir.

HENRIETTE.

Mais quoi encore ?

P. LE NOIR.

Que vous m'aimez, enfin. Je n'ofois m'en
flatter ; mais je n'en puis plus douter. Ah ! ne
rougiflez pas de me l'avouer, il y a affez long-
temps que je ne penfe qu'à vous & le jour & la
nuit, que je ne fuis heureux qu'autant que je
vous vois, & que j'ofe efpérer de vous époufer.

HENRIETTE.

Vous ?

P. LE NOIR.

Oui, moi ; je ne veux plus différer, je regrette tout le temps que j'ai perdu jufqu'à ce
moment.

HENRIETTE.

Ne comptez pas que j'y consente jamais.

P. LE NOIR.

Combien je vais être heureux ! Dites-moi, je vous prie, où je pourrai trouver Monsieur de Valbon, Monsieur Duchesne.... Mais pourquoi me quittez-vous, Henriette, ma chere Henriette? Elle est sans doute piquée de ce que je l'ai deviné. Que cette pudeur est charmante ! que la Baillive est éloignée de lui ressembler ! mais voici Monsieur de Valbon, ne perdons pas un instant.

SCENE IV.

M. DE VALBON, P. LE NOIR.

M. DE VALBON.

Ah ! Pierre le Noir, je suis bien aise de te trouver ici, j'ai à te parler.

P. LE NOIR.

Et moi je suis très-pressé de vous dire une chose très-intéressante, & qui ne pourra que vous plaire, puisque personne n'aime autant que vous à obliger.

M. DE VALBON.

C'est qu'on n'est pas heureux sans cela ; mais

écoute - moi d'abord , après je t'écouterai à mon tour.

P. LE NOIR.

Vous ferez fâché d'avoir différé , Monfieur , j'en fuis fûr ; mais n'importe , je fuis fait pour vous obéir.

M. DE VALBON.

J'ai appris qu'il y avoit dans le village une fille & un garçon qui s'aiment depuis long-temps...

P. LE NOIR.

C'eft mon hiftoire que vous dites là.

M. DE VALBON.

Si tu favois que ces malheureux n'étoient pas affez riches pour s'époufer , il falloit donc me le dire , ils feroient mariés , les pauvres gens !

P. LE NOIR.

Je ne fais pas de qui vous voulez parler , & quand je difois à Monfieur que c'étoit mon hif-toire , cela eft très-vrai.

M. DE VALBON.

Je ne te comprends point.

P. LE NOIR.

Vous favez , Monfieur , comme Mademoifelle Henriette eft jolie ?

M. DE VALBON.

Oui ; & comme elle eft fage , voilà ce dont je

fais le plus de cas, auſſi je penſe à la marier, &
à quelqu’un qui lui convienne.

P. LE NOIR.

Le parti eſt tout trouvé.

M. DE VALBON.

Tout de bon ? j’en ſerois fort aiſe. Et connois-
je ce parti-là ?

P. LE NOIR.

Sûrement, Monſieur; car c’eſt moi, ſi vous le
trouvez bon.

M. DE VALBON.

Toi, Pierre le Noir ?

P. LE NOIR.

Oui, Monſieur, ſi c’étoit votre bonté de vouloir bien conſentir . . .

M. DE VALBON.

Mais tu n’es pas un trop bon ſujet, toi.

P. LE NOIR.

Ah ! Monſieur.

M. DE VALBON.

Il eſt vrai qu’il ne faut pas écouter les mauvaiſes langues. Mais Ducheſne ne m’en a pas
parlé.

P. LE NOIR.

C’eſt qu’il n’en ſait encore rien.

M.

M. DE VALBON.

Il n'en fait rien !

P. LE NOIR.

Non vraiment.

M. DE VALBON.

Pierre le Noir, je n'aime pas cela ; fe faire aimer d'une fille fans l'avis de fes parents, ce n'eft pas marcher droit.

P. LE NOIR.

Mais , Monfieur , voulez - vous que j'aille la demander à fon pere, fans favoir fi je plais à la fille , que le pere la force de confentir à m'é-poufer, & que fi elle ne peut pas m'aimer, je fois caufe, pour n'avoir pas fu ce qu'elle penfoit , qu'elle foit malheureufe toute fa vie ?

M. DE VALBON.

Non, non; c'eft penfer en honnête homme , & je ne puis pas trouver à redire à cette conduite.

P. LE NOIR.

Vous voyez bien, Monfieur , que vous m'a-vez condamné fans m'entendre.

M. DE VALBON.

Allons, j'avois tort. Que faut-il que je faffe pour reparer tout cela ?

P. LE NOIR.

Que vous nous rendiez heureux.

Tome VIII. K

M. DE VALBON.

Eh, comment ?

P. LE NOIR.

Le voici. Une fille ne peut pas dire décem-
ment à son pere, j'aime un tel.

M. DE VALBON.

Non.

P. LE NOIR.

Moi, je ne peux aller dire à Monfieur Duchefne non plus, votre fille eft amoureufe de moi ?

M. DE VALBON.

Affurément.

P. LE NOIR.

Mais vous, Monfieur, vous pouvez lui dire :
Duchefne, j'ai penfé à marier ta fille. C'eft un
parti fortable qui lui convient. Il ne pourra que
vous avoir obligation de penfer à cela, & quand
vous lui direz, c'eft Pierre le Noir, il vous ré-
pondra : Monfieur, ma fille & moi nous ferons
tout ce que vous ordonnerez ; vous ajouterez :
Duchefne, tu m'en donnes ta parole ? Et il la
donnera ; enfuite j'irai le trouver de votre part,
& cela fera fini tout de fuite.

M. DE VALBON.

Mais, vraiment, rien n'eft plus aifé ; je ne
fais pas comment je n'avois pas penfé à ce mariage-là. Et Henriette t'aime donc ?

P. LE NOIR.

A la folie.

M. DE VALBON.

Pour cela , j'ai grand tort d'être caufe que cette pauvre fille languiffe , qu'elle foit dans des alarmes, des craintes que l'on a toujours quand on aime.

P. LE NOIR.

Ah ! Monfieur, un bon mariage paiera tout cela.

M. DE VALBON.

Allons , va-t-en. Je vais parler dans le mo‑ment à Duchefne ; le voici juftement.

SCENE V.

M. DE VALBON, DUCHESNE.

DUCHESNE.

JE ne viens d'apprendre que dans le moment que Monfieur étoit rentré. J'ai fait ferrer tout le foin , & demain le bois...

M. DE VALBON.

Laiffons cela , mon ami, je fuis très-content de toi & de tous tes foins ; mais cela ne fuffit pas, je crains de te paroître ingrat.

K 2

DUCHESNE.

Vous , Monſieur ?

M. DE VALBON.

Oui , moi, je n'ai encore rien fait pour toi.

DUCHESNE.

Comment, Monſieur, vous me donnez tous les ans une gratification , vous avez fait élever ma fille avec le plus grand ſoin , & ....

M. DE VALBON.

Voilà de belles bagatelles : je te dis que j'ai des torts envers vous deux. La voilà grande ta fille ; mais eſt-elle mariée ?

DUCHESNE.

Ah ! Monſieur, cela ne preſſe pas.

M. DE VALBON.

Et ſi , ſi, cela preſſe , & je n'y veux pas perdre un moment.

DUCHESNE.

Monſieur eſt bien bon , aſſurément.

M. DE VALBON.

Je ferai les frais de la nôce, & je lui donne cent écus de rente en la mariant ; mais il faut que tu conſentes à ce mariage-là.

DUCHESNE.

Monſieur eſt bien le maître.

M. DE VALBON.

Eh bien , confens-tu ?

DUCHESNE.

Je ne peux pas dire non ; mais je voudrois favoir à qui vous la deftinez.

M. DE VALBON.

Quoi , je ne te l'ai pas dit ?

DUCHESNE.

Non , Monfieur.

M. DE VALBON.

Parbleu , je fuis un grand étourdi ! C'eft au
Procureur-Fifcal

DUCHESNE..

Pierre le Noir ?

M. DE VALBON.

Oui. C'eft moi qui lui ai fait apprendre les affaires ; il a été deux ans chez mon procureur ; il
eft fort intelligent, il ne réuffit pas mal , & je
lui augmenterai fes appointements en faveur de
ce mariage.

DUCHESNE.

Je ne fais comment remercier Monfieur de
toutes fes bontés.

M. DE VALBON.

Il n'eft pas queftion de cela. Tu me donnes ta
parole ?

DUCHESNE.

Monsieur peut bien y compter.

M. DE VALBON.

Allons, parles à ta fille ; je vais dans mon cabinet chercher un papier dont j'ai besoin pour ce mariage.

DUCHESNE.

Je ne remercie pas Monsieur de...,

M. DE VALBON.

Allons, allons, ne parles pas de cela.

SCENE VI.

DUCHESNE, HENRIETTE.

DUCHESNE.

Henriette ? viens, viens, ma fille ; j'ai une bonne nouvelle à te dire.

HENRIETTE.

Qu'est-ce que c'est, mon pere ?

DUCHESNE.

Si tu savois comme notre Monsieur est bon !

HENRIETTE.

Mais ce n'est pas là une nouvelle, mon pere, nous l'éprouvons tous les jours.

DUCHESNE.

Sans doute ; c'eſt bien vrai ce que tu dis là. Si ta pauvre mere étoit encore vivante , comme elle feroit aiſe , la pauvre femme de ce qui va t'arriver.

HENRIETTE.

Ah ! mon pere....

DUCHESNE.

Tu pleures , mon enfant ? tu as bien raiſon ; mais féches tes larmes , le plus beau jour de ta vie approche.

HENRIETTE.

Comment donc ?

DUCHESNE.

Croirois-tu que , ſans que j'en aie ouvert la bouche feulement , c'eſt notre Monſieur qui y a penſé le premier.

HENRIETTE.

Mais à quoi donc ?

DUCHESNE.

A te marier.

HENRIETTE.

A me marier ?

DUCHESNE.

Oui , vraiment ; il te donne cent écus de ren- te en mariage , & il augmente les appointements de Pierre le Noir.

K 4

HENRIETTE.

De Pierre le Noir ? pourquoi faire ?

DUCHESNE.

Pour qu'il t'époufe. Oh, cela fera un bon mariage. Mais qu'as-tu donc, mon enfant ? tu pâlis.

HENRIETTE.

Et vous confentiriez que je fois malheureúfe toute ma vie !

DUCHESNE.

Comment donc ?

HENRIETTE.

Je ne faurois fouffrir Pierre le Noir.

DUCHESNE.

Pourquoi cela ?

HENRIETTE.

C'eft un traître, qui abandonne Madame la Baillive, qu'il a promis d'époufer.

DUCHESNE.

Qui t'a dit cela ?

HENRIETTE.

Elle-même.

DUCHESNE.

Apparemment qu'il ne l'aime plus.

HENRIETTE.

Mais je ne le puis fouffrir. Mon pere, je vous en prie, empêchez ce mariage-là, vous en êtes le maître.

DUCHESNE.

Eh non, vraiment, je ne le fuis pas; j'ai donné ma parole à Monfieur de Valbon, qui eft enchanté de ce mariage.

HENRIETTE.

Il ne fauroit être enchanté de faire mon malheur, il eft trop bon pour cela.

DUCHESNE.

Oui; mais en lui réfiftant nous pafferons pour des ingrats.

HENRIETTE.

Non, mon pere, vous en devez être sûr.

DUCHESNE.

Mais que veux-tu que je faffe?

HENRIETTE.

Allez trouver Madame la Baillive, apprenez-lui le deffein de Monfieur de Valbon, elle lui parlera, & il fe rendra à fes raifons.

DUCHESNE.

J'y vais. Crois, mon enfant, que mon deffein n'eft pas de forcer ton inclination.

HENRIETTE.

Je connois trop votre tendreffe pour moi pour n'en pas être sûre; mais, je vous en prie, ne perdez pas de temps.

SCENE VII.

HENRIETTE, M. DE VALBON.

M. DE VALBON.

Aʜ ! vous voilà, Henriette ? votre pere vous
a-t-il parlé ?

HENRIETTE.

Oui, Monſieur.

M. DE VALBON.

Vous devez bien m'en vouloir ?

HENRIETTE.

Pourquoi donc, Monſieur ?

M. DE VALBON.

C'eſt que j'aurois pu vous éviter bien des in-
quiétudes, bien des peines, & que je ne l'ai pas
fait.

HENRIETTE.

Ah ! Monſieur, vous êtes trop bon !

M. DE VALBON.

Si j'avois ſu que vous aimiez, il y a long-
temps que vous ſeriez mariée.

HENRIETTE.

Quoi, Monſieur, vous auriez conſenti...,

M. DE VALBON.

N'en doutez pas.

HENRIETTE.

Que je ſuis fâchée que mon pere ne ſoit pas ici , & qu'il ne vous entende pas !

M. DE VALBON.

Pourquoi donc ?

HENRIETTE.

Je n'aurois plus rien à craindre.

M. DE VALBON.

Comment , qui peut vous affliger ?

HENRIETTE.

Mon pere croit que vous vous oppoſerez à mon bonheur.

M. DE VALBON.

Votre pere croit cela ? c'eſt très-mal fait à lui , & je n'entends point . . .

HENRIETTE.

Monſieur , il va venir , dites-le lui donc vous-même , & aſſurez-le bien . . .

M. DE VALBON.

Mais qu'eſt-ce que cela veut dire ? il ne compte pas davantage ſur moi, oh , je vais lui parler. Apparemment qu'il a d'autres deſſeins que les miens ; je ne fouffrirai pas qu'il les exécute. Le voici : laiffez-moi faire, je vous ferai époufer celui que vous aimez.

SCENE VIII.

HENRIETTE, M. DE VALBON, DUCHESNE, DU SILLON.

M. DE VALBON.

QU'EST-CE que c'eft donc que cela, Duchefne, vous voulez vous oppofer à ce que je defire ?

DUCHESNE.

En vérité, Monfieur...

M. DE VALBON.

Je le trouve fort mauvais ; il ne faut point chercher d'excufe ici.

DUCHESNE.

Mais, Monfieur, je ne vous reconnois pas, vous qui êtes la bonté même.

M. DE VALBON.

Qu'eft-ce qu'il y a là de contraire à ma bonté ?

DUCHESNE.

Que vous voulez me forcer de faire le malheur d'Henriette.

M. DE VALBON.

Comment, en confentant qu'elle époufe celui qu'elle aime ? où eft donc le malheur ?

M. DUCHESNE.

Si vous voulez qu'elle époufe celui qu'elle ai-me, elle fera trop heureufe.

M. DE VALBON.

Sûrement, je le veux ; ne vous y oppofez donc plus.

DUCHESNE.

Moi, je ne m'y oppofe point.

M. DE VALBON.

Eh bien, Henriette, foyez donc heureufe, mon enfant, c'eft tout ce que je defire.

HENRIETTE.

Ah ! Monfieur... Du Sillon, remerciez Mon-fieur de toutes fes bontés pour nous.

M. DU SILLON.

Oui, Monfieur, vous allez faire le bonheur de notre vie.

M. DE VALBON.

Quoi, c'eft vous Du Sillon, qu'Henriette aime ?

DUCHESNE, HENRIETTE, DU SILLON.

Oui, Monfieur.

M. DE VALBON.

Mais Pierre le Noir m'avoit affuré qu'il en étoit aimé.

DUCHESNE.

C'étoit apparemment le defir qu'il en avoit qui le lui faifoit croire.

DU SILLON.

Sûrement ; car Henriette n'eft point trompeufe.

M. DE VALBON.

Duchefne, cela ne change rien à mes arrangements, au contraire, oui, je remets une année du bail de ma ferme à Du Sillon.

SCENE DERNIERE.

M. DE VALBON, HENRIETTE, LA BAILLIVE, DUCHESNE, DU SILLON, P. LE NOIR.

P. LE NOIR.

Monsieur Duchefne, Mademoifelle Henriette, je vous prie de me pardonner, fi je me fuis adreffé à Monfieur de Valbon pour le prier de feconder mes defirs.

M. DE VALBON.

Tranquillifez - vous, Pierre le Noir, ils ne vous en voudront point ; puifque Henriette époufe Du Sillon.

P LE NOIR.

Comment ! . . .

LA BAILLIVE.

Allons , petit ingrat, je te pardonne l'infidé-
lité que tu me voulois faire ; mais à condition
que tu ne changeras plus.

M. DE VALBON.

Ce n'eſt qu'à cette condition auſſi que je n'aurai point de reſſentiment de l'injuſtice qu'il vouloit me faire , & que je lui donne toujours
ce que je lui avois deſtiné en épouſant Henriette.

P. LE NOIR.

Votre bonté , Monſieur, va me corriger pour
jamais.

LES VOISINS

ET

LES VOISINES.

QUATRE-VINGT-DIX-HUITIEME PROVERBE.

PERSONNAGES.

M. TUBLEU, *Peintre en bâtiment.*

Me. TUBLEU.

M. FRANGEOT, *Fabriquant de galons.*

Me. FRANGEOT.

M. VARLOPE, *Menuisier.*

Me. VARLOPE.

M. LE NOIR, *Fabriquant de chapeaux.*

Me. LE NOIR.

DAME JEANNE, *Cuisinière de M. Tubleu.*

St. JAQUES, *Laquais de M. Tubleu.*

M. LE CREUX, *Basse-taille à l'Opera.*

*La Scene est chez M. Tubleu, dans le Fauxbourg
St. Martin, dans une Salle basse.*

LES VOISINS

ET

LES VOISINES.

PROVERBE.

SCENE PREMIERE.

ME. FRANGEOT, DAME JEANNE.

DAME JEANNE.

Aͪ! mon Dieu, Madame Frangeot, je ne favois pas que c'étoit vous qui fonniez.

ME. FRANGEOT.

Il n'y a pas de mal, Dame Jeanne; il n'y a pas de mal.

DAME JEANNE.

C'eſt que je vous ai fait un peu attendre, par-ce que je faifois frire du pain pour des épinards.

Me. FRANGEOT.

Et vous teniez la queue de la poële, n'eſt-il pas vrai ?

DAME JEANNE.

Oui , Madame ; & l'on eſt bien embarraſſé, comme dit cet autre.

Me. FRANGEOT.

Eſt-ce qu'elle n'eſt pas ici la voiſine Tubleu ?

DAME JEANNE.

Non. Si vous voulez vous aſſeoir , elle va revenir bientôt, car elle eſt allé aux Boulevards ; il vient de pleuvoir , & elle n'a pas ſon parapluie.

Me. FRANGEOT.

Et le voiſin ?

DAME JEANNE.

Il eſt allé à Menil-Montant, chez un Procureur , qui veut faire blanchir ſa maiſon de campagne.

Me. FRANGEOT.

Vous avez bien plus d'ouvrage à préſent que lorſque vous demeuriez à la Butte St. Roch, & que le voiſin Tubleu peignoit des portraits, n'eſt-ce pas , Dame Jeanne ?

DAME JEANNE.

Ecoutez donc , dans ce temps-là nous nous couchions tous les trois quelquefois ſans ſouper. Quand j'ai vu qu'ils n'avoient guere befoin de moi, je les ai quitté, & je fuis revenue avec eux quand ils ont été dans ce quartier-ci.

Me. FRANGEOT.

C'eft mon mari & moi qui leur ont confeillé d'y venir, & de fe mettre dans la grande peinture.

DAME JEANNE.

Ah! dame, vous leur avez donné là un bon confeil; ils font bonne chere à préfent.

Me. FRANGEOT.

Auffi je ne reconnois pas la voifine.

DAME JEANNE.

Elle engraiffe tous les jours.

Me FRANGEOT.

Ce n'eft pas là ce que je veux dire.

DAME JEANNE.

Ah! j'entends, elle a fes boutons de diamant dès le matin.

Me. FRANGEOT.

On ne peut pas être autrement, il faut bien être habillé; je veux dire qu'elle devient fiere.

DAME JEANNE.

Et lui donc? Ah! pardi, il faut voir! & comme ils gâtent leur enfant!

Me. FRANGEOT.

Il eft bien laid.

L 3

DAME JEANNE.

Dites-leur cela, & allez vous chauffer à leur feu : ils le trouvent bien joli, eux. La mere lui dit : mon fils , qu'eſt-ce que tu veux être, quand tu ſeras grand ? Ambaſſadeur, maman : parce que j'aurai un beau carroſſe. Il a raiſon Chouchoux, dit-elle à ſon mari ; je veux qu'il ait un carroſſe quand il ſera grand. Eh mais, répond-il, peut-être deux , que ſait-on ?

Me. FRANGEOT.

Ils ne diſoient pas tout cela à leur Butte St. Roch, à leur quatrieme étage, n'eſt-ce pas ?

DAME JEANNE.

Ah ! je vous en réponds ; mais les honneurs changent les mœurs, comme dit cet autre.

Me. FRANGEOT.

Ce ſont de bonnes gens , & je les aime beaucoup, plus le mari que la femme.

DAME JEANNE.

C'eſt toujours comme cela , nous autres nous aimons mieux les hommes. Ne leur dites pas tout ce que je viens de vous dire , je ne ſerois pas bonne à jetter aux chiens. Tenez , quoique ce petit Tubleu ſoit bien méchant, je l'aime, malgré qu'il m'égratigne toute la journée ; mais je l'ai vu naître , & puis ſa mere dit : Il faut bien qu'il s'amuſe à quelque choſe.

Me. FRANGEOT.

C'eſt un vilain enfant!

DAME JEANNE.

Il eſt chez ſa tante la faïanciere ; il leur caſſe tous les jours quelque choſe : ils nous le renverront demain. J'entends quelqu'un ; j'ai oublié de fermer la grille.

Me FRANGEOT·

C'eſt la voiſine Varlope.

DAME JEANNE.

Je m'en vais travailler à mon ſouper, moi.

SCENE II.

Me. VARLOPE, Me. FRANGEOT.

Me FRANGEOT.

D'OU venez-vous comme cela, ma voiſine ?

Me. VARLOPE.

Ma voiſine, je viens de St. Laurent.

Me. FRANGEOT.

Moi j'aime mieux les Récollets, j'y vais toujours.

Me. VARLOPE.

A cauſe de votre beau-frere le Récollet.

Me FRANGEOT.

Ne croyez pas que c'eſt lui que je vais voir, il vient bien chez nous ; & puis les dimanches il prêche toujours ailleurs, on ne le trouve jamais. Où eſt le voiſin ?

Me. VARLOPE.

Mon mari ?

Me. FRANGEOT.

Oui.

Me. VARLOPE.

Bon ! eſt-ce qu'il ne m'a pas quitté dès deux heures pour aller aux champs Eliſées.

Me. ERANGEOT.

Il y va donc toujours ?

Me. VARLOPE.

Plus que je ne voudrois. Ils ſont là une troupe qui jouent au cochonet , ou qui parient.

Me. FRANGEOT.

Qu'eſt-ce que c'eſt que cela le cochonet ?

Me. VARLOPE.

Vous ne le connoiſſez pas ? c'eſt un jeu qu'on joue avec des boules. Je ne voudrois pourtant pas en dire de mal.

Me. FRANGEOT.

Pourquoi donc ?

Mᴇ. VARLOPE.

Parce que c'eſt là que mon mari a fait con‑
noiſſance avec mon pere.

Mᴇ. FRANGEOT.

Oui ?

Mᴇ. VARLOPE.

Sûrement ; mon pere eſt marchand de bois,
comme vous ſavez, & nous demeurions au Rou‑
le : quand il a vu qu'il pourroit avoir un gendre
menuiſier qui lui feroit vendre du bois, il l'a
amené chez nous ; moi, qui me doutois bien
pourquoi c'étoit faire, j'en ſuis devenue amou‑
reuſe ; il me venoit voir tous les dimanches, &
puis nous nous ſommes mariés.

Mᴇ. FRANGEOT.

Cela s'eſt fait comme cela ?

Mᴇ. VARLOPE.

Oui vraiment.

Mᴇ. FRANGEOT.

Il eſt fort bien le voiſin Varlope.

Mᴇ. VARLOPE.

Sur-tout depuis qu'il a un habit noir & une
perruque à nœuds ; c'eſt moi qui l'ai voulu.

Mᴇ. FRANGEOT.

Vous avez bien fait. Il faut ſoutenir ſon état.

M^E. VARLOPE.

Voilà ce que je lui ai dit. Cela est plus cher ; mais ce sont les pratiques qui paient tout cela.

M^E. FRANGEOT.

Sans doute.

M^E. VARLOPE.

Et , Dieu merci, il y en a de bonnes à présent , elles sont toutes dans la finance.

M^E. FRANGEOT.

Cela est bien heureux , aussi vous devenez une grosse Dame , ma voisine.

M^E. VARLOPE.

Ecoutez donc ; je ne me laisse manquer de rien , comme de raison ; mais ce qui m'embarrasse , ma voisine , c'est que j'ai acheté un bonnet à la mode , & je ne sais pas le mettre sur ma tête.

M^E. FRANGEOT.

C'est qu'il est trop en avant , on ne voit pas assez les cheveux ; & puis ils sont trop plats.

M^E. VARLOPE.

Je le sais bien.

M^E. FRANGEOT.

Voyez-moi. Il faut avancer les cheveux , & reculer le bonnet. Laissez-moi faire. (*Elle la raccommode.*))

Me. VARLOPE.

C'eſt que je trouve que l'on a l'air d'un chat fâché, ne trouvez-vous pas, ma voiſine ?

Me. FRANGEOT.

On dit que c'eſt la mode ; tout le monde eſt comme cela : voyez aux Boulevards.

Me. VARLOPE.

J'en viens.

Me. FRANGEOT.

Y avez-vous vu la voiſine Tubleu ?

Me. VARLOPE.

Non.

Me. FRANGEOT.

Elle y eſt pourtant, à ce que m'a dit Dame Jeanne.

Me. VARLOPE.

A propos, ma voiſine, que je vous diſe donc. Savez-vous la nouvelle ?

Me. FRANGEOT.

Qu'eſt-ce que c'eſt, ma voiſine ?

Me. VARLOPE.

Ils ont pris un laquais.

Me. FRANGEOT.

Tout de bon, ma voiſine ?

Me. VARLOPE.

Oui, vraiment ; c'eſt un payſan de la Villette ; le perruquier lui a mis fes cheveux en queue ce matin pour la premiere fois.

ME. FRANGEOT.

Ces gens-là fe ruineront, ma voifine.

ME. VARLOPE

Il commencent à avoir de bonnes pratiques, à ce qu'ils difent ; mais ce n'eft pas tout.

ME. FRANGEOT.

Comment donc ?

ME. VARLOPE.

La voifine Tubleu apprend à chanter dans la mufique.

ME FRANGEOT.

C'eft un conte que vous me faites là.

ME. VARLOPE.

Je vous dis que non, ma voifine ; c'eft le frere de ma couturiere qui lui montre, il s'appelle Monfieur le Creux, il eft à l'opéra : je crois même qu'il foupera ici aujourd'hui avec nous.

ME. FRANGEOT.

Ah ! j'en ferai bien aife ; il faudra le prier de chanter.

ME. VARLOPE.

Tenez, voilà le voifin le Noir, il le connoît bien, lui.

ME. FRANGEOT.

Allons, cela eft bon.

SCENE III.

Me. VARLOPE, Me. FRANGEOT, M. LE NOIR.

Me. FRANGEOT.

Eh bien, mon voisin, où est donc la voisine ?

M. LE NOIR.

Ma femme ? je n'en sais rien ; je viens de chez un Colonel à qui je fournis des chapeaux, il m'avoit dit de venir cette après-midi, & il est allé à l'opéra.

Me. VARLOPE.

Mais, en vérité, mon voisin, vous qui fréquentez le beau monde, est-ce qu'on parle comme cela donc ?

M. LE NOIR.

Quoi ! on ne dit pas un Colonel ?

Me. VARLOPE.

Ce n'est pas de cela que je vous parle.

M. LE NOIR.

De quoi donc ?

Me. VARLOPE.

De la voisine.

M. LE NOIR.

Ah ! parce que j'ai dit .... Oui, vous avez raifon, je devois dire mon époufe. Et votre époux, le voifin Frangeot, pourquoi n'eft-il pas ici ? nous commencerions notre piquet.

Me. FRANGEOT.

Il eft allé chez un fellier, à qui il fournit des franges & des crépines, il va venir.

M. LE NOIR.

Et le voifin Varlope ?

M. VARLOPE.

Ah ! ne m'en parlez pas, il me fait de ces tours-là tous les dimanches.

M. LE NOIR.

Il faut favoir quels tours, ma voifine ; je voudrois bien vous en faire comme lui, moi.

Me. VARLOPE.

Et n'avez-vous pas la voifine le Noir ?

M. LE NOIR.

C'eft parce que je l'ai, que je voudrois en avoir une autre.

Me. FRANGEOT.

Voilà bien comme ils font, ma voifine, tous ces Meffieurs-là. Si nous en difions autant, nous ?

M. LE NOIR.

Oh ! mais dire & faire, il y a loin de l'un à

l'autre, ma voisine, n'est-ce pas ? (*il lui prend la main.*)

Me. FRANGEOT.

Allons, finissez donc, je n'aime pas ces ma-nieres-là.

M. LE NOIR.

Ah ! comme elle fait la petite bouche la voisine !

Me. FRANGEOT.

Je vous dis de me laisser.

M. LE NOIR.

Quand je vous aurai embrassé. (*il l'embrasse.*)

Me. FRANGEOT.

Vous voilà bien plus gras.

M. LE NOIR.

Mais je m'en porte mieux toujours. Ah çà, dites-moi un peu où est donc la voisine & le voisin Tubleu ?

Me. VARLOPE.

La voisine est aux Boulevards.

M. LE NOIR.

J'ai envie d'aller au devant d'elle.

Me. VARLOPE.

Cela seroit fort honnête de nous laisser com-me cela toutes seules pour aller la chercher : est-ce que nous ne la valons pas bien ?

M. LE NOIR.

Je ne difpute pas le contraire.

Me. FRANGEOT.

Voyez un peu , ma voifine , comme font les hommes ; il fembloit tout-à-l'heure qu'il étoit amoureux de moi , & à préfent il ne penfe qu'à la voifine Tubleu.

Me. VARLOPE.

Il va être bien content ; car la voici avec la voifine le Noir, à qui j'ai envie de dire tout cela pour nous venger.

SCENE IV.

Me. ERANGEOT , Me. LE NOIR, Me. VAR-LOPE , Me. TUBLEU , M. LE NOIR.

Me. TUBLEU.

MES voifines , j'ai bien l'honneur de vous fouhaiter le bon foir.

Me. FRANGEOT.

Bon foir , ma voifine.

Me. LE NOIR.

Mes voifines , l'une portant l'autre, je vous fouhaite bien le bon foir.

M.

M. LE NOIR.

Ah çà, ma voisine Tubleu, il faut que vous m'embrassiez. (*il l'embrasse.*)

Me. TUBLEU.

Allons, dépêchez-vous ; car je suis toute en sueur.

Me. LE NOIR.

Et moi, tu ne me dis rien, ma petite maman ?

M. LE NOIR.

Je te parlerai tantôt.

Me. FRANGEOT.

Si vous saviez, ma voisine, comme il nous a fait enrager le voisin . . . .

Me. LE NOIR.

Cela est fort joli, Monsieur.

M. LE NOIR.

Allons, ne vas-tu pas te fâcher ? Embrasse-moi.

Me. LE NOIR.

Je ne le veux plus, à présent.

M. LE NOIR.

Si tu fais la fiere, tant pis pour toi.

Me. TUBLEU.

Ah ! mon Dieu, que j'ai chaud !

Tome VIII.   M

M. LE NOIR.

D'où venez-vous donc comme ça, ma voisine?

Me. TUBLEU.

Je viens d'avec la voisine le Noir.

M. LE NOIR.

Ah ! vous verrez qu'elles ont un petit amoureux en ville.

Me. LE NOIR.

Tu le mériterois bien.

Me. TUBLEU.

J'ai dit comme ça , quand mon mari a été
forti : il fait beau , j'ai envie d'aller prendre ma
voisine le Noir , pour aller aux Boulevards , elle
m'attendoit ; nous n'avons pas été plutôt en
chemin , qu'il est venu de la pluie , nous avons
été bien embarrassées.

M. LE NOIR.

Il falloit vous mettre à couvert.

Me. TUBLEU.

C'est ce que nous avons fait.

Me. LE NOIR.

Et nous avons trouvé un Monsieur bien honnête; car il vouloit nous payer à chacune une
caraffe d'orgeat.

Me. FRANGEOT.

Ah ! je le connois. N'est-ce pas un grand homme en habit rouge , ma voisine ?

Me. LE NOIR.

Je crois oui, ma voifine.

Me. FRANGEOT.

Ah ! il y a long-temps qu'il eft amoureux de moi ; il m'attend tous les dimanches aux Récollets pour me donner une chaife.

M. LE NOIR.

Eh bien, vous avez enlevé comme cela à la voifine fon amoureux ?

Me. TUBLEU.

Point du tout.

Me. LE NOIR.

Nous lui avons dit : Monfieur, nous vous fommes bien obligées, & nous avons été nous affeoir devant le grand café.

Me. VARLOPE.

J'y vas auffi quelquefois ; mais il y a toujours trop de monde.

Me. LE NOIR.

C'eft que vous êtes un peu fauvage, ma voifine.

Me. VARLOPE.

Ce n'eft pas cela, je vous affure ; mais c'eft que j'aime à être à mon aife.

Me. TUBLEU.

Oh, moi, j'aime mieux n'être pas fi bien, & entendre la mufique.

ME. FRANGEOT.

A propos, ma voiſine, on dit que vous l'apprenez ?

ME. TUBLEU.

Je ne voulois pas qu'on le fût ; mais mon
mari a prié mon Maître à ſouper.

M. LE NOIR.

Eh bien, tant mieux, nous le verrons ; abon-
dance de bien ne nuit pas : plus on eſt de fous ,
plus on rit.

ME. TUBLEU.

Mes voiſines , j'ai toujours chaud , parce que
quand j'ai entendu ſonner ſept heures , nous ſommes revenues tout de ſuite ſans nous arrêter.
Voulez-vous boire de la biere ?

ME. LE NOIR.

Cela n'eſt pas de refus , ma voiſine.

M. LE NOIR.

Si elle eſt bonne , j'en boirai bien auſſi.

ME. TUBLEU.

Ah ! je vous en réponds , qu'elle eſt bonne ;
car c'eſt un braſſeur dont mon mari a peint toutes les machines , qui lui en a fait un quarteau
exprès pour lui. (*Elle ſe leve.*)

M. LE NOIR.

Où voulez-vous donc aller , ma voiſine ?

Me. TUBLEU.

Appeller Dame Jeanne , pour qu'elle nous en donne , mon voifin.

M. LE NOIR.

Ah bien , celui-là n'eft pas mauvais ; eft - ce que vous croyez que je fuis manchot des jambes & de la langue , je vais y aller. Laiffez , laiffez-moi faire.

SCENE V.

Me. LE NOIR , Me. TUBLEU , Me. VAR-LOPE , Me. FRANGEOT.

Me. TUBLEU.

C'EST un drôle de corps que votre mari , ma voifine.

Me. LE NOIR.

Vous avez bien de la bonté.

Me. FRANGEOT.

Pour moi, il me fait toujours rire.

Me. VARLOPE.

On peut bien dire qu'il n'a pas fa langue dans fa poche.

M 3

Me. LE NOIR.

Ah! Dame, cela n'eſt pas étonnant ; il a affaire à tout moment à des gens de condition ;
c'eſt là l'agrément de notre état : & , dis-moi
qui tu fréquentes , je te dirai qui tu es.

Me. FRANGEOT.

On voit bien qu'il tient d'eux.

Me. LE NOIR.

Savez-vous qu'il nous vient tous les jours des
officiers à la maiſon.

Me. VARLOPE.

Je n'aimerois pas cela , moi , ils me font peur.

Me. LE NOIR.

C'eſt que vous n'y êtes pas habituée , ma voiſine ; car , moi qui les connois , je vous aſſure
que je les trouve bien polis , ils ſavent tous très-
bien parler aux femmes ; ils ne ſont pas comme
les autres hommes.

Me. VARLOPE.

Je ſais bien que ſi j'avois une fille , je n'aimerois pas qu'il en vînt chez moi.

Me. LE NOIR.

Vous avez raiſon , ma voiſine, cela fait une
différence , une fille n'a pas d'expérience ; mais
pour ſoi , on ſait bien ce que l'on a affaire.

Me. FRANGEOT.

Pour moi, je ne m'y fierois pas ; car il y a une de mes amies qui m'a dit qu'il faut bien y prendre garde ; elle prétend qu'il semble qu'ils aient chacun cinq ou six mains, on les trouve toujours par-tout.

Me. TUBLEU.

Ah ! cela est bien vrai ce qu'elle dit la voisine ; j'ai fait un voyage à Valenciennes , & je les ai trouvés comme cela ; mais cela n'empêche pas qu'ils ne soient fort aimables.

SCENE VI.

Me. LE NOIR, Me. FRANGEOT, Me. VARLOPE, Me. TUBLEU, M. LE NOIR, M. VARLOPE.

M. LE NOIR.

Tenez, voilà le voisin Varlope & de la biere qui vont vous arriver.

M. VARLOPE.

Mes voisines, j'ai bien l'honneur de vous souhaiter le bon soir.

M 4

Me. TUBLEU.

Ah ! bon soir, mon voisin ; vous boirez bien un verre de biere avec nous ?

M. VARLOPE.

Je vous demande pardon, ma voisine, je n'ai pas de soif. Et ce piquet, quand est-ce que nous commençons, mon voisin ?

M. LE NOIR.

Eh ! pardi, tout-à-l'heure, je t'attends.

Me. TUBLEU.

Attendez, mes voisins, je vais vous donner des cartes.

M. LE NOIR.

Dites où ce qu'elles sont tant seulement, ma voisine, vous n'avez que faire de vous remuer.

Me. TUBLEU.

Tenez, dans la petite armoire, à côté de la cheminée ; vous trouverez aussi la bourse aux jettons.

M. LE NOIR.

Eh bien, c'est bon cela, ma voisine, voilà ce qui s'appelle savoir parler, vous ne mourrez pas sans confession.

Me. TUBLEU.

Mais cette biere ne vient pas. Voilà comme est Dame Jeanne.

SCENE VII.

Me. VARLOPE, Me. TUBLEU , Me. LE
NOIR, Me. FRANGEOT, M. VARLOPE,
M. LE NOIR, DAME JEANNE.

DAME JEANNE.

M'y voilà, tout à l'heure.

M. LE NOIR.

Allons, voisin, voyons à qui c'est à faire.

M. VARLOPE.

Tiens, c'est à toi.

M. LE NOIR.

C'est bon ; tu me dois trois parties de dimanche.

M. VARLOPE.

Est-ce que nous n'avons pas joué le tout , que
j'ai gagné ?

M. LE NOIR.

Tu as gagné ?

M. VARLOPE.

Sûrement.

M. LE NOIR.

Voisin, tu nous en coules là,

Me. TUBLEU, *se levant.*

Dame Jeanne ?

DAME JEANNE, *portant de la biere & des verres.*

Eh, mais dame, je ne peux pas tout faire ; je ne suis pas comme Michel Morin, qui sonne les cloches & qui va à la procession. Je ne peux pas faire votre souper & aller à la cave.

Me. FRANGEOT.

Elle a raison Dame Jeanne, ma voisine.

Me. TUBLEU.

Mais où est ce petit garçon ?

DAME JEANNE.

St. Jacques ? Est-ce que je sais, moi ? Il a dit qu'il alloit voir son pere à la Villette. Ah çà, vous verserez bien votre biere ; je m'en retourne voir si l'éclanche ne brûle pas ; car le tourne-broche s'arrête à tout moment.

Me. LE NOIR.

Allez, allez, Dame Jeanne. Viens donc, Monsieur le Noir.

M. LE NOIR.

Eh, attendez, ma voisine, je vais vous verser à boire ; le voisin Varlope attendra bien.

Me. TUBLEU.

Ne quittez pas votre jeu.

M. LE NOIR.

Laiſſez-moi faire, ma voiſine; allons, à vous premiérement.

Me. TUBLEU.

Donnez à la voiſine.

Me. LE NOIR, *prenant un verre.*

Non, non, à vous, ma voiſine.

Me. TUBLEU.

Mes voiſines, en voulez-vous ?

Me. FRANGEOT.

Non pas, moi.

Me. VARLOPE.

Ni moi non plus, ma voiſine.

M. LE NOIR.

Allons, prenez toujours. Je m'en vais boire à votre ſanté; permettez-vous que je choque avec vous.

Me. TUBLEU, *choquant.*

Vous me faites bien de l'honneur, mon voiſin.

Me. LE NOIR.

Et moi donc, la petite maman.

M. VARLOPE.

Eh bien, as-tu bientôt fini, toi, voiſin ?

M. LE NOIR, *s'eſſuyant la bouche ſur ſa manche.*

M'y voilà, m'y voilà.

M. VARLOPE.

Tiens , une quinte en cœur quinze ; & cinq de point valent vingt auprès de Fontainebleau ; & puis trois valets.

M. LE NOIR.

Oui , gringalet. Le diable t'emporte.

Me. TUBLEU.

J'avois bien foif toujours ; en voulez - vous encore , ma voifine ?

Me. LE NOIR.

Non , la biere eft trop nourriffante ; je ne pourrois pas fouper.

M. LE NOIR.

Mon époufe a de la prévoyance , comme vous voyez , ma voifine.

Me. LE NOIR.

Allons , allons , tais-toi , ma petite maman , fonge à ton jeu.

M. LE NOIR.

J'y fonge auffi ; je fuis comme toi , je penfe à tout.

SCENE VIII.

Me. TUBLEU, Me. FRANGEOT, Me. VAR-
LOPE, Me. LE NOIR, M. LE NOIR,
M. VARLOPE, St. JAQUES.

Me. TUBLEU.

Ah! voilà St. Jaques. D'où venez-vous comme cela si tard ?

St. JAQUES.

Je venons de la Villette, où j'ons été voir
mon pere, Madame Tubleu.

Me. TUBLEU.

Vous l'avez vu hier ?

St. JAQUES.

Oui; mais j'ons été lui montrer mes cheveux
en queue, qu'il n'avoit pas encore vus.

Me. TUBLEU.

Il falloit donc revenir tout de suite.

St. JAQUES.

Je ne pouvions pas, parce que j'ons tiré à l'oie.

Me. TUBLEU.

Je ne veux plus que vous sortiez comme cela
sans ma permission, entendez-vous, St. Jaques ?

St. JAQUES.

Eh bien Madame Tubleu, je ne le ferons plus.

Me. TUBLEU.

Il faut dire Madame tout court, & je ne le ferai plus : vous êtes à la ville, il ne faut plus parler en payſan.

St. JAQUES.

Oh ! je parlerons tout de même que vous voudrez, Madame Tubleu.

M. LE NOIR.

Il ſe corrige bien St. Jaques, ma voiſine.

Me. TUBLEU.

Allons, emportez tout cela, & prenez garde de rien caſſer.

St. JAQUES.

Si cela tombe, je le ramaſſerons.

M. LE NOIR.

Fort bien, ami.

St. JAQUES.

Ah ! Monſieur, je ſons bien vot ſerviteur.

Me. TUBLEU.

Mais il ne faut pas mettre ſon chapeau dans la maiſon.

St. JAQUES.

Je ne pouvons pas tenir tout cela, & puis encore mon chapeau avec.

Mᴇ. TUBLEU.

Allons, allez-vous-en, & laiſſez votre chapeau à la porte.

Sᴛ. JAQUES.

Oui, & on me le prendra.

Mᴇ. TUBLEU.

Eh, non, à la porte de la ſalle.

SCENE IX.

Mᴇ. TUBLEU, Mᴇ. FRANGEOT, Mᴇ. LE
NOIR, Mᴇ. VARLOPE, M. LE NOIR,
M. VARLOPE.

M. LE NOIR.

Vous avez là un laquais bien dégourdi, ma
voiſine.

Mᴇ. TUBLEU.

Ah! taiſez-vous donc, mon voiſin; je ne peux
pas ſouffrir qu'on appelle un homme comme cela.

M. LE NOIR.

C'eſt pourtant là comme les appellent les gens
de condition.

Mᴇ. TUBLEU.

Je ne crois pas cela,

M. LE NOIR, *montrant un mémoire.*

Eh pardi, tenez, voyez ce mémoire-là ; lisez ici : un chapeau pour le cocher de Monsieur le Comte ; plus, trois chapeaux pour ses laquais.

Mᵉ. TUBLEU.

Oh bien, je ne dirai jamais mon laquais, ni ma servante.

Mᵉ. VARLOPE.

Ni moi non plus, je ne dis pas ma servante.

Mᵉ. LE NOIR.

Comment donc faut-il dire, ma cuisiniere ?

Mᵉ. TUBLEU.

Non, ma domeftique, & un homme mon domeftique.

M. LE NOIR.

Je ne crois pas cela, ma voisine.

SCENE

SCENE X.

Me. TUBLEU, Me. FRANGEOT, Me. VAR-
LOPE , Me. LE NOIR , M. LE NOIR ,
M. VARLOPE, M. LE CREUX.

Me. TUBLEU.

Il y a quelqu'un là , je crois.

M. LE CREUX, *avec une voix de basse-taille.*
Peut-on entrer ?

Me. TUBLEU.
Ah ! c'est Monsieur le Creux.

M. LE CREUX.
Oui , Madame. Messieurs, Mesdames , j'ai bien
honneur de vous souhaiter le bon soir.

M. LE NOIR.
Ah ! tenez Monsieur le Creux décidera ce que
ous disions tout à l'heure. Vous en rapporterez-
ous à lui , ma voisine ?

Me. TUBLEU.
Oui, mon voisin.

M. LE CREUX.
Madame, vous me faites bien de l'honneur.
u'est-ce que c'est, de quoi s'agit-il ?
Tome VIII.   N

M. LE NOIR.

De savoir si l'on doit dire mon laquais, ou mon domestique.

M. LE CREUX.

Moi, je dirois mon garçon.

Me. TUBLEU.

Ecoutez, mon voisin, j'aime mieux cela.

M. LE NOIR.

Monsieur le Creux peut avoir raison, il connoît le monde.

M. LE CREUX.

Monsieur a bien de la bonté ; il est vrai que nous en voyons un peu, nous autres, sur-tout les jours d'opéra.

M. VARLOPE.

Venez-vous de l'opéra à présent, Monsieur le Creux ?

M. LE CREUX.

Oui, Monsieur.

Me. LE NOIR.

Il y en a donc eu aujourd'hui ?

M. LE CREUX.

Oui, Madame ; tous les dimanches, les mardis, les vendredis, & pendant six mois les jeudis.

Me. VARLOPE.

Et vous chantez tous ces jours-là, Monsieur ?

M. LE CREUX.

Oui, Madame, dans tous les actes.

ME. FRANGEOT.

Mon voisin le Noir, dites donc à Monsieur ce que nous disions tout à l'heure, quand on nous dit qu'il souperoit ici.

M. LE NOIR.

Quoi donc, ma voisine ?

ME. FRANGEOT.

Vous savez bien.

M. LE NOIR.

Ah ! je m'en souviens. Monsieur le Creux, c'est que ces Dames voudroient bien vous entendre chanter.

M. LE CREUX.

Mesdames, vous me faites bien de l'honneur. Que voulez-vous que je chante ?

ME. VARLOPE.

Tout ce que vous voudrez.

ME. TUBLEU.

Monsieur, ce que vous avez chanté aujour-d'hui, par exemple.

ME. FRANGEOT.

Oui ; ce sera comme si nous avions été à l'opéra.

M. LE CREUX *prélude.*

Ta, ta, ta, ta, ta, ta, ta. (*Il chante la basse
d'un chœur , & il compte les pauses.*)

Loin de nos bois ,
Un deux.
Asyles de la paix ,
Un deux trois quatre.
Portez vos feux ,
Un deux.
Portez vos traits ,
Un deux.
Dieux trompeurs de Cythere ,
Un deux trois quatre.
Loin de nos bois ...
Un deux.
Asyles de la paix ...
Un deux trois quatre.
Portez vos feux ...
Un deux.
Portez vos traits ...
Un deux.
Dieux trompeur ...
Un deux.
De Cythere.

Me. LE NOIR.

Ah ! que c'est bien chanté , ma voisine !

Me. TUBLEU.

Oui, fort bien, ma voisine. Je ne comprend

pas comment les hommes ont comme cela une
fi groffe voix.

M. LE NOIR.

C'eft la différence du fexe, ma voifine, entendez-vous ?

ME. TUBLEU.

J'entends bien ; mais c'eft que je ne comprends pas...

M. LE CREUX.

Cela eft pourtant bien vrai ; car il y a des
hommes qui n'ont la voix claire qu'à caufe de
la différence...

ME. TUBLEU.

De la différence ?...

M. LE CREUX.

Monfieur le Noir entend bien ce que je veux
dire.

ME. FRANGEOT.

Dites donc, mon voifin ?

M. LE NOIR.

Cela ne vous regarde pas, ma voifine, vous
n'avez rien à faire là, n'eft-ce pas, Monfieur le
Creux ? (*il rit.*)

M. LE CREUX.

Oui, Monfieur, vous avez raifon. (*il rit gros.*)

ME. TUBLEU.

Ma voifine, ne trouvez-vous pas les hommes

bien infupportables ? ils fe moquent de nous quand nous ne favons pas quelque chofe , & ils ne veulent pas nous l'apprendre quand nous leur demandons de nous l'expliquer.

Me. LE NOIR.

Ah ! ne m'en parlez pas. Parlons plutôt de la belle voix de Monfieur.

M. LE CREUX.

Madame , vous avez bien de la bonté.

Me. LE NOIR.

Je voudrois bien que mes enfants euffent de la voix comme cela.

M. LE NOIR.

Oui , ta fille , par exemple.

Me. LE NOIR.

Non ; mais Noiron aimera la mufique , je crois ; car il fait bien du bruit toute la journée.

Me. FRANGEOT.

Et ma fille à moi , ma voifine , elle fait toutes les chanfons de fa mie.

M. LE CREUX.

C'eft ce que nous appellons avoir des difpofitions pour la mufique , Madame.

Me. TUBLEU.

Il faut lui faire apprendre , ma voifine , & par Monfieur le Creux, qui montre fort bien.

ME. FRANGEOT.

C'eft à quoi je penfois , pour quand elle ne fera plus nouée.

M. LE NOIR.

Ah ! voilà enfin le voifin Tubleu.

SCENE XI.

ME. TUBLEU , ME. FRANGEOT , ME. LE NOIR , ME. VARLOPE, M. TUBLEU , M. LE NOIR , M. VARLOPE , M. LE CREUX.

M. LE NOIR.

PARBLEU , tu te fais bien attendre , voifin.

M. TUBLEU.

Dame , ce n'eft pas ma faute. Mes voifines , je vous fouhaite bien le bon foir.

ME. LE NOIR.

Bon foir , mon voifin.

M. TUBLEU.

Allons , tenez , voilà comme on dit bon foir.

(*il l'embraffe , ainfi que Madame Frangeot & Madame Varlope.*)

N 4

Me. VARLOPE.

Finiſſez donc.

M. TUBLEU.

Je ne fais que commencer.

Me. FRANGEOT.

En voilà aſſez.

Me. TUBLEU.

Et moi, Choux-choux, tu ne me dis rien ?

M. TUBLEU.

Allons, tiens. (*il tend la joue.*)

Me. TUBLEU.

Eſt-ce comme cela ?

M. TUBLEU.

Allons, finis. (*Madame Tubleu l'embraſſe cinq ou ſix fois.*) Eh ! voilà le voiſin Varlope !

M. LE NOIR.

Oui, vraiment, qui me gagne deux parties.

M. TUBLEU.

Monſieur le Creux, vous êtes un honnête homme de ne pas nous avoir manqué de parole.

M. LE CREUX.

Monſieur, aſſurément, je n'avois garde.

M. TUBLEU.

Où eſt donc le voiſin Frangeot ?

Me. FRANGEOT.

Je ne fais pas ce qu'il eft devenu depuis quatre heures.

M. TUBLEU.

Il vous abandonne, ma voifine, il ne faut pas
fouffrir cela; fi vous voulez, je vous vengerai.

Me. FRANGEOT.

N'avez-vous pas votre époufe ?

M. TUBLEU.

Bon ! c'eft le pain quotidien.

Me. TUBLEU, *l'embraffant.*

Qu'eft-ce que c'eft donc que ce coquin - là ?
c'eft fort joli, Monfieur ! Dis donc , Choux-
choux, d'où viens-tu fi tard ?

M. TUBLEU.

Si tard , fi tard ! je viens de faire une bonne
affaire.

M. LE NOIR, *fe levant.*

Qu'eft-ce que c'eft ?

Me. TUBLEU.

Dis à moi , Choux-choux.

M. TUBLEU.

Tu fais bien ce Procureur de Menil-Montant ,
Monfieur de la Groffe ?

Me. TUBLEU.

Eh bien ?

M. TUBLEU.

Je vas repeindre fa maifon en dehors à la maniere Italienne ; elle eft fort petite, & pour cela il me donne un bon cheval de cabriolet.

Me. TUBLEU.

Eh bien, c'eft bon cela.

Me. FRANGEOT.

Vous allez avoir un cabriolet, ma voifine?

Me. TUBLEU, *fe redreffant.*

Oui, ma voifine.

M. TUBLEU.

Oui, mais c'eft moi qui m'en fervirai ; parce que je vais avoir beaucoup d'affaires.

Me. TUBLEU.

Oui ; mais j'irai dedans les dimanches, n'eft-ce pas, mon Choux-choux ?

M. TUBLEU.

Oui, oui.

Me. TUBLEU.

Voilà pourquoi nous avons pris St. Jaques, parce qu'il fait panfer les chevaux.

M. LE NOIR.

Eh ! quelles affaires auras-tu donc tant, voifin ?

M. TUBLEU.

Premiérement, toutes les maifons que va faire bâtir Monfieur d'Orbon, voifin.

M. LE NOIR.

Cet homme fi riche ?

M. TUBLEU.

Oui , & puis beaucoup de pratiques qu'il doit me donner , dont il y en a beaucoup à la campagne.

Me. VARLOPE , *à Me. Frangeot.*

Mais s'il va tant à la campagne , la voifine ne fe fervira pas du cabriolet.

Me. TUBLEU.

Pardonnez-moi , mes voifines ; puifque nous avons St. Jaques , il pourra panfer auffi bien deux chevaux qu'un feul.

Me. FRANGEOT.

Vous avez raifon , ma voifine ; mais en ce cas-là j'aimerois autant avoir un carroffe , il ne vous en coûteroit pas davantage.

Me. TUBLEU.

Que dis-tu à cela , Choux-choux ?

M. TUBLEU.

C'eft affez bien dit.

Me. LE NOIR.

Et St. Jaques vous ferviroit de cocher , mon voifin.

M. TUBLEU.

Il faudra donc que j'achete un carrosse, au lieu d'un cabriolet ?

M. LE NOIR.

Sans doute, voisin ; il n'y a qu'à prendre un carrosse d'hasard, il ne coûtera pas davantage qu'un cabriolet tout neuf.

M. TUBLEU.

Tu le crois, voisin ?

M. LE NOIR.

Sûrement. Eh ! tiens, le voisin Frangeot a un sellier de sa connoissance, il pourra t'en faire avoir un à bon marché.

Me. FRANGEOT.

J'en fais mon affaire, moi, voisin.

M. TUBLEU.

Je vous suis obligé, voisine.

Me. FRANGEOT.

Mais c'est à condition que j'irai dans le carrosse.

M. TUBLEU.

Je vous en prierai, voisine.

Me. LE NOIR.

Et moi, voisine ?

Me. TUBLEU.

Sûrement, & la voisine Varlope aussi ; allons, mes voisines, montez donc.

Me. FRANGEOT.

Je n'en ferai rien, ma voisine, après vous.

Me. TUBLEU.

La voiture est à moi, allons mes voisines, mettez-vous donc sur le derriere, sans façon.

M. LE NOIR.

Oui, à terre, vous ne tomberez pas de bien haut.

Me. LE NOIR.

Ah ! mon Dieu, le drôle de corps !

M. VARLOPE.

Et moi, où me mettrai-je, voisine ?

M. LE NOIR.

Sur le derriere aussi, après ces Dames, en dehors.

M. VARLOPE.

J'aime mieux aller à pied, ma voisine.

M. LE NOIR.

Eh bien, tu iras, il ne faut rien pour cela, voisin.

Me. TUBLEU.

Il me semble déjà que je me vois passer dans

mon carroffe, mes voifines. Je vous menerai auffi, Monfieur le Creux.

M. LE CREUX.

Madame, vous avez bien de la bonté.

M. LE NOIR.

Attendez donc, ma voifine, n'allez pas fi vîte, vous allez nous écrafer. Attends donc, St. Jaques, veux-tu bien t'arrêter?

M. TUBLEU.

Allons, finis donc, toi, voifin.

M. LE NOIR.

Mais c'eft que je veux empêcher St. Jaques de crever tes chevaux.

SCENE XII.

Me. LE NOIR, Me. TUBLEU, Me. VAR-
LOPE, Me. FRANGEOT, M. TUBLEU,
M. LE NOIR, M. FRANGEOT, M. VAR-
LOPE, M. LE CREUX.

Me. FRANGEOT.

Eh bien, eh bien, qu'eſt-ce que c'eſt donc
que tout ce train-là ? je m'en vais aller chercher le Commiſſaire, moi.

Me. FRANGEOT.

Ecoutes, écoutes donc, la poule.

M. FRANGEOT.

Voyons, qu'eſt-ce qu'il y a ?

M. LE NOIR.

C'eſt que tu peux rendre un grand ſervice au
voiſin & à la voiſine Tubleu.

M. FRANGEOT.

Je ne demande pas mieux.

M. LE NOIR.

Je ſavois bien, moi, qu'il feroit ton affaire,
voiſin.

M. FRANGEOT.

Allons, dites donc

Me FRANGEOT.

La poule, j'ai dit au voisin que tu connoissois un sellier.

M. FRANGEOT.

Et un bon, je peux m'en vanter. Eh ! tiens, voisin, je sors de chez lui tout à l'heure.

Me FRANGEOT.

Voilà ce que j'ai dit. C'est que le voisin voudroit avoir un bon carrosse d'hasard.

M. FRANGEOT.

Pour qui ?

Me. TUBLEU.

Pour nous, mon voisin.

M. FRANGEOT.

Allons donc, ma voisine ; pourquoi vous moquez-vous de moi comme cela ?

M. LE NOIR.

Elle ne se moque pas de toi, voisin ; ils ont déjà un cheval & un cocher.

M. FRANGEOT.

Tout de bon ? vous avez donc fait fortune, voisin ?

M. TUBLEU.

Mais, enfin . . . .

M.

M. LE NOIR.

Ce n'eſt pas ton affaire. Dis ſeulement ſi tu pourras leur faire avoir un carroſſe d'haſard ?

M. FRANGEOT.

Je m'en vante, & il y a pour cela une bien bonne occaſion.

Me. TUBLEU.

Laquelle , mon voiſin ?

M. FRANGEOT.

C'eſt , ma voiſine , celle d'une pratique du ſellier en queſtion, qui vient de mourir , & qui avoit cinq ou ſix voitures fort bonnes.

M. TUBLEU.

Tout de bon, voiſin ?

M. FRANGEOT.

Oui , je viens de voir ſon billet d'enterrement.

Me. TUBLEU.

Cela eſt trop heureux , Choux-choux !

M. LE NOIR.

Et comment s'appelle ce vivant-là, qui vient de mourir comme cela tout exprès ?

M. FRANGEOT.

C'étoit un homme fort riche. Attendez que

Tome VIII.   O

je me souvienne de son nom. Ah ! c'est Monsieur d'Orson.

M. TUBLEU , s'écriant.

Monsieur d'Orson est mort ?

M. FRANGEOT.

Je te dis que j'en suis sûr , voisin.

Me. FRANGEOT.

Qu'est-ce qué tu dis donc là, la poule ?

M. FRANGEOT.

Ce que je fais. Oh ! je leur ferai faire un bon
marché ; ils peuvent compter sûr moi.

M. TUBLEU.

Voilà un grand malheur !

M. FRANGEOT.

Cu'est-ce qu'il a donc lui ?

M. VARLOPE.

Voisin, je crois que nous n'avons plus besoin
de ta protection.

M. FRANGEOT.

Pourquoi donc ?

M. LE NOIR , à M. Tubleu.

Voisin , je te conseille de vendre ton cheval
de cabriolet.

M. FRANGEOT.

Mais je n'entends rien à tout cela.

M. LE NOIR.

On te l'expliquera, voisin. Tu viens de verser là une voiture où étoit la voisine Frangeot
& toutes les voisines ; tu es un grand mal-
droit.

SCENE DERNIERE.

Me. TUBLEU, Me. FRANGEOT, Me. VAR-
LOPE, Me. LE NOIR, M. TUBLEU,
M. FRANGEOT, M. VARLOPE, M. LE
NOIR, M. LE CREUX, St. JAQUES.

St. JAQUES.

Madame Tubleu, Dame Jeanne dit com-
me cela que vous veniez souper tout-à-l'heure,
tout-à-l'heure.

Me. TUBLEU.

Ah ! je n'ai plus d'appétit.

M. LE NOIR.

Bon, bon, ma voisine, venez-vous-en boire

à la fanté du mort ; il eft peut-être caufe que vous ne manquerez jamais d'avoir de quoi vivre.

Me. TUBLEU.

Mes voifines, voulez-vous bien paffer là-dedans ?

M. LE NOIR.

Eh bien, n'allez-vous pas faire des façons comme pour monter en carroffe ?

Me. LE NOIR.

Allons, ne ris donc pas, la petite maman.

M. LE NOIR.

Paffé, toi. Monfieur le Creux, nous vous menerons à pied ; ne vous embarraffez pas, paffez toujours, & chantez ; moquez-vous de cela.

M. TUBLEU.

Voifin, j'ai envie de refter ici tout feul.

M. LE NOIR.

Parce que tu n'as pas de carroffe ? nous te prêterons les nôtres, ce fera tout de même, marche toujours.

M. FRANGEOT.

Voifin, tu m'expliqueras donc tout cela ?

M. LE NOIR.

Pardi cela ne fera pas bien difficile. Les

chofes ne peuvent pas toujours durer. Tu nous a mis tous à pied ; c'eft-à-dire, chacun à fa place.

Me. FRANGEOT.

Eh bien, je n'ai donc pas fait de mal ?

M. LE NOIR.

Non, non, voifin, tranquillife-toi ; la tête vouloit faire repofer les pieds, & elle auroit fait repofer les dents.

LE
PERSIFLEUR.

QUATRE-VINGT-DIX-NEUVIEME PROVERBE.

PERSONNAGES.

LA MARQUISE DE SÉVANE.

LA BARONE DE RIANVILLE.

LE COMTE DE MOQUART.

LE COMMANDEUR DE St. GATIEN.

*La Scene est à la Campagne , chez la Marquise
de Sévanne.*

LE
PERSIFLEUR.

PROVERBE.

SCENE PREMIERE.

LA MARQUISE, LE COMMANDEUR.

LA MARQUISE.

Qu'avez-vous fait du Comte, Commandeur ?

LE COMMANDEUR.

Je crois qu'il se promene.

LA MARQUISE.

Ah ! j'en suis bien aise ; parce qu'il me dira comment il aura trouvé tout ce que j'ai fait dans mes jardins & mon parc.

LE COMMANDEUR.

Vous croyez qu'il vous le dira ?

LA MARQUISE.

Sûrement. Pourquoi pas ?

LE COMMANDEUR.

Mais saurez-vous au vrai ce qu'il pensera ?

LA MARQUISE.

Je n'en doute pas. Je sais bien que vous croyez qu'il persifle toujours.

LE COMMANDEUR.

Je ne l'ai jamais entendu parler autrement.

LA MARQUISE.

C'est que vous ne l'avez pas vu avec moi.

LE COMMANDEUR.

Non, encore hier à souper.

LA MARQUISE.

Il ne parloit pas sérieusement ; & puis les gens que nous avions étoient excellents, ils vouloient être loués, il les a servis selon leur goût.

LE COMMANDEUR.

C'est-à-dire, qu'il s'est bien amusé à leurs dépens.

LA MARQUISE.

Allons, vous lui en voulez.

LE COMMANDEUR.

Moi ? je vous jure que non, au contraire ; mais j'ai été plus de trois ans à me faire à son ton, & quelquefois même encore il m'embarraffe ; mais comme il m'a donné des preuves très-fortes de fon amitié, elles m'ont raffuré.

LA MARQUISE.

Vous l'aimez donc ?

LE COMMANDEUR.

Beaucoup. Et je lui ai fait fouvent des reproches de cette diable d'habitude, qui empêche de favoir réellement ce qu'il penfe.

LA MARQUISE.

C'eft votre défiance ordinaire qui fait que vous lui trouvez ce défaut.

LE COMMANDEUR.

Voilà bien les femmes ; quand on n'eft pas de leur avis fur les hommes qu'elles protegent, elles vous trouvent des torts.

LA MARQUISE.

Torts ou non, fi vous aimez le Comte, vous devez approuver mon projet.

LE COMMANDEUR.

Quel eft-il ?

LA MARQUISE.

De le marier.

LE COMMANDEUR.

A propos de quoi ?

LA MARQUISE.

Parce que je fais qu'il s'ennuie d'être garçon.

LE COMMANDEUR.

Il vous l'a dit ?

LA MARQUISE.

Oui, très-souvent.

LE COMMANDEUR.

Et vous le croyez ?

LA MARQUISE.

Sûrement. En vérité, Commandeur, vous m'impatientez.

LE COMMANDEUR.

Ce n'eft pas mon deffein. Pourfuivez : à qui le deftinez-vous ?

LA MARQUISE.

A la Baronne de Rianville.

LE COMMANDEUR.

Elle ne plaira pas au Comte.

LA MARQUISE.

Pourquoi cela ? c'eft une femme très-aimable.

LE COMMANDEUR.

Si vous voulez. Vous la trouvez aimable, parce qu'elle rit toujours ; & moi je vous réponds qu'elle ne rit que par décontenancement.

LA MARQUISE.

Cela ne fait rien ; elle eſt gaie au moins.

LE COMMANDEUR.

Voilà encore ce que je ne vous accorde pas.

LA MARQUISE.

Vous êtes bien contrariant aujourd'hui !

LE COMMANDEUR.

Eh bien, vous verez s'il ne faudra pas que je me mêle de ce mariage-là pour qu'il réuſſiſſe ; je ne vous en dis pas davantage , parce que vous diriez encore que j'en veux à la Baronne.

LA MARQUISE.

J'entends le Comte, vous allez voir s'il me perſiflera.

LE COMMANDEUR.

Oh que non, il n'oſera jamais.

LA MARQUISE.

Je me garderai bien de lui dire tout ce que vous penſez de la Baronne.

SCENE II.

LA MARQUISE, LE COMTE, LE COM-MANDEUR.

LA MARQUISE.

Eh bien, Comte, vous venez de vous promener ; vous allez me dire comment vous trouvez mon parc.

LE COMTE.

Je le trouve admirable !

LA MARQUISE.

Connoissiez-vous les jardins à l'Angloise ?

LE COMTE.

J'en avois entendu parler ; & je crois que les jardins à l'Angloise de France sont beaucoup plus beaux que ceux d'Angleterre.

LA MARQUISE.

Tout cela d'après ce que vous venez de voir ?

LE COMTE.

Sûrement.

LA MARQUISE.

Pour moi, je suis persuadée que le centre du goût est en Angleterre.

LE COMTE.

Voilà ce que j'avois toujours penfé.

LA MARQUISE.

Réellement ? je fuis bien aife de me rencontrer ainfi avec vous. Voyons ce qui vous a le
plus frappé dans mon parc ?

LE COMTE.

Tout.

LA MARQUISE.

Comment tout ?

LE COMTE.

Votre gazon, qui contient tout le parc.

LA MARQUISE.

Oui, oui, vous avez raifon ; je ne veux marcher que fur de la verdure.

LE COMTE.

On ne fauroit mieux penfer ; rien n'égale les
gazons pour donner de l'ombre.

LA MARQUISE.

Rien n'eft plus frais.

LE COMTE.

C'eft ce que je vous dis. Vous aviez de grands
arbres touffus qui couvroient tout , on ne favoit
où fe mettre à l'abri.

LA MARQUISE.

Oh ! j'ai fait couper tout cela , j'ai tout rajeuni.

LE COMTE.

Oui, ces arbres fans tête qui courent les uns après les autres fur vos gazons, font charmants !

LA MARQUISE.

Délicieux ! vous verrez, quand ils feront venus.

LE COMTE.

Ces tombes de fleurs que l'on rencontre par-ci, par-là fur vos gazons, m'ont fait un plaifir à quoi l'on n'eft pas accoutumé.

LA MARQUISE.

Et mes montagnes ?

LE COMTE.

Charmantes ! la vue paffe par-deffus, rien n'eft plus commode ! Voilà ce que j'ai trouvé de mieux imaginé dans ces fortes de jardins-là.

LA MARQUISSE.

Vous ne me parlez pas de mes arbres étrangers, de mes arbres verts.

LE COMTE.

Il n'y a rien comme cela !

LA MARQUISE

Je fuis bien aife que vous en foyez content.

LE COMTE.

Comment ne le ferois - je pas ? cela vous agrandit, vous éleve au-deffus de tout le monde !

LA

LA MARQUISE.

Comment cela , Comte ? je ne comprends pas bien.

LE COMTE.

Vous favez que les pins , les fapins , tous ces arbres-là , dans leur pays , touchent les cieux , qu'à peine les regards peuvent atteindre à leurs cîmes ? ...

LA MARQUISE.

Rien n'eft plus vrai.

LE COMTE.

Et ici on y touche avec la main.

LA MARQUISE.

Vous avez raifon : on fe croit des géants ou des Dieux. A propos de cela , vous avez vu mon cedre du Liban ?

LE COMTE.

Ah ! je vous en réponds ; le Vicomte me l'a montré.

LA MARQUISE.

C'eft lui qui me l'a donné.

LE COMTE.

Il m'a fait faire bien du chemin pour le trouver.

LA MARQUISE.

C'eft qu'il a la vue baffe , il falloit l'aider.

LE COMTE.

Je ne demandois pas mieux ; & pour cela je

regardois parmi les arbres les plus grands celui
qui domineroit, quand le Vicomte, qui étoit
resté derriere moi, s'est écrié : Comte, le voilà,
le voilà. Je me suis retourné, & j'ai vu le
Vicomte qui étoit à quatre pattes à terre, &
dont le nez me cachoit votre cedre du Liban.

LA MARQUISE.

Eh bien, vous l'avez vu enfin; convenez que
cela fera un bien bel arbre un jour ?

LE COMMANDEUR.

Oui, dans trois mille ans. Ma foi, vous êtes
excellents tous les deux ! (*il rit en s'en allant.*)

SCENE III.

LA MARQUISE, LE COMTE.

LE COMTE.

A QUI en a donc le Commandeur ? je ne l'ai
jamais vu rire autant.

LA MARQUISE.

Je sais bien pourquoi.

LE COMTE.

Vous me le direz ?

LA MARQUISE.

Il croit que vous me perfiflez.

LE COMTE.

Je le reconnois bien là, il eft toujours défiant.

LA MARQUISE.

C'eft fon défaut, je lui ai dit mille fois.

LE COMTE.

Et vous avez bien fait ; mais vous ne le corrigerez jamais.

LA MARQUISE.

C'eft ce que je penfe, & je crains extrême-ment que fa défiance ne me gagne.

LE COMTE.

Vous n'y avez nul penchant.

LA MARQUISE.

Il eft vrai ; mais venons à ce que j'ai à vous dire. Vous favez toute l'amitié que j'ai pour vous ?

LE COMTE.

J'efpere que vous n'ignorez pas combien elle m'eft chere, & que vous me rendez juftice.

LA MARQUISE.

Je veux du moins vous le prouver. Je fais que vous n'êtes pas riche, & j'ai envie de vous marier.

LE COMTE.

Comment ?

LA MARQUISE.

J'ai à vous proposer une veuve de qualité, jeune, jolie, très-aimable, jouiſſant de quarante mille livres de rentes, avec les eſpérances d'en avoir encore autant.

LE COMTE.

Cela me conviendroit très-fort.

LA MARQUISE.

Pour cela, je l'ai engagé à venir ici paſſer quelques jours ; mais je veux que cela ſoit fait tout de ſuite.

LE COMTE.

La connois-je ?

LA MARQUISE.

Vous pouvez connoître ſon nom ; mais je ne crois pas que vous l'ayiez jamais vu : c'eſt la Baronne de Rianville.

LE COMTE.

Je ne la connois pas.

LA MARQUISE.

Elle va arriver dans le moment.

LE COMTE.

Mais ce mariage-là m'arrangeroit on ne peut pas davantage.

LA MARQUISE.

Je vous réponds de le faire réuffir.

LE COMTE.

Je vous en aurai la plus grande obligation.

LA MARQUISE.

Je vois, je crois, une voiture qui arrive ; c'eft peut-être elle. Il faut que je le fache. (*Elle fort.*)

SCENE IV.

LE COMTE.

DIABLE ! quarante mille livres de rentes, ce feroit une excellente affaire ! Il faut convenir que la Marquife eft une bien bonne femme. Ne négligeons pas ceci, & finiffons promptement, puifqu'elle croit que cela eft aifé.

SCENE V.

LA MARQUISE, LE COMTE.

LA MARQUISE.

C'EST elle-même ; je fuis sûre que vous en ferez enchanté.

LE COMTE.

Je le fuis déjà.

LA MARQUISE.

Non , je vous dis vous en ferez content ; mais avant de la voir, laiffez - moi la prévenir , & vous viendrez quand vous jugerez que nous aurons un peu caufé.

LE COMTE.

Songez que je vous laiffe entiérement la maîtreffe de tout.

LA MARQUISE.

Laiffez-moi faire. J'entends du bruit ; allez vous en.

SCENE VI.

LA BARONNE, LA MARQUISE.

LA MARQUISE.

Eh , la voilà donc , enfin , cette charmante Baronne ! (*Elles s'embraffent.*)

LA BARONNE.

Eh , mon Dieu , oui, me voilà. (*Riant.*) Mais favez-vous que j'ai cru que je n'arriverois jamais ; j'ai éprouvé toutes fortes de malheurs, (*Elle rit.*)

LA MARQUISE,

Comment donc !

LA BARONNE.

J'ai voulu faire la premiere pofte avec mes chevaux ; j'ai rencontré des charretiers qui m'ont baré le chemin. Mes gens fe font battus ; c'étoit quelque chofe d'affreux. (*Elle rit.*)

LA MARQUISE.

Mais vous avez dû avoir grande peur ?

LA BARONNE.

Oh ! j'ai été dans un état ! Eft-ce que Julie ne s'eft pas trouvée mal ! (*Elle rit.*)

P 4

LA MARQUISE.

Vous l'avez amenée pourtant ?

LA BARONNE.

Sûrement, je l'ai amenée. Je lui ai dit en arrivant d'aller se coucher. C'est incroyable tout
ce qui m'arrive ! (*Elle rit.*)

LA MARQUISE.

Enfin, vous voilà.

LA BARONNE.

Et mon beau-pere, qui est à la mort. (*Elle rit.*)

LA MARQUISE.

Réellement ?

LA BARONNE.

Oui, il est abandonné des médecins. Vous savez combien il m'a tourmenté ; cependant je
le regrette fort. (*Elle rit.*)

LA MARQUISE.

Je le crois. Mais votre mari lui ressembloit.

LA BARONNE.

Ah ! malgré cela, je le pleurerai toute ma vie.
(*Elle rit.*)

LA MARQUISE.

Il faut mettre un terme à votre douleur.

LA BARONNE.

Voilà ce que je ne saurois gagner sur moi ; j'en

rêve toutes les nuits ; il me fait des peurs af-
freuses ! (*Elle rit.*)

LA MARQUISE.

Pour chaffer ces idées-là , il faut vous remarier. Eft-ce que vous ne vous ennuyez pas
d'être veuve ?

LA BARONNE.

Si je m'ennuie ? je m'ennuie à la mort ; cela
peut-il être autrement ? (*Elle rit.*)

LA MARQUISE.

L'on a beau dire ; notre exiftence, à nous autres femmes, eft celle qu'un mari nous donne ;
nous tenons de lui toute notre confidération.
J'ai un homme à vous propofer, qui eft non-
feulement un homme de mérite , mais qui eft
fort aimable.

LA BARONNE.

Ah le Baron étoit très aimable , & je ne re-
trouverai jamais un mari comme lui. (*Elle rit.*)

LA MARQUISE.

Mais vous ne connoiffez pas le Comte de
Moquart ?

LA BARONNE.

J'en ai entendu parler, & l'on m'a fait craindre horriblement de le rencontrer. (*Elle rit.*)

LA MARQUISE.

Pourquoi donc ? Quelle enfance !

LA BARONNE.

C'eſt qu'il a la réputation de perſifler tout le monde, & que je crains toujours qu'on ne ſe moque de moi, cela me déſole; (*Elle rit.*) parce que je ne ſaurois m'en appercevoir.

LA MARQUISE.

Le Comte a le deſir de vous plaire; ainſi cela doit vous raſſurer. Le voici : c'eſt ſon cœur qui le conduit vers vous.

SCENE VII.

LA MARQUISE, LA BARONNE, LE COMTE.

LA MARQUISE.

Venez, venez, Comte. Tenez, voilà cette chere Baronne, dont je vous ai tant parlé.

LE COMTE.

Tout ce que vous m'en avez dit, Madame, eſt fort au-deſſous de ce que je vois ; & vous peignez foiblement vos amis.

LA MARQUISE.

Vous la trouverez encore mieux quand vous la connoîtrez davantage. Ah çà, Comte, vous lez-vous bien lui tenir compagnie pendant que je vais achever une lettre qu'il faut que je fasse partir dans l'instant?

LA BARONNE.

Mais, Madame... (*Elle rit.*)

LA MARQUISE.

Je ne serai pas long-temps.

S C E N E VIII.

LA BARONNE, LE COMTE.

LA BARONNE, *riant.*

Lᴀ Marquise est folle, je crois, de me laisser comme cela en tête à tête avec quelqu'un que je vois pour la premiere fois.

LE COMTE.

Si c'étoit une plaisanterie, elle retomberoit entiérement sur moi, & mon amour-propre ne seroit pas flatté qu'on me crût aussi peu redoutable ; mais elle connoit le respect dont je suis capable, & celui que vous inspirez.

LA BARONNE.

Vous me trouvez un air redoutable, apparemment ? (*Elle rit.*)

LE COMTE.

Ecoutez donc , Madame , il faut être prodigieufement en garde pour ne pas fe livrer entiérement au fentiment que vous faites naître ; & fi le defir de vous plaire n'étoit pas retenu par la crainte de n'y pas réuffir....

LA BARONNE.

Oui , je vois que votre modeftie vous empêche de vous en trouver digne. C'eft le défaut ordinaire des hommes : cependant cela n'empêche pas qu'on ne les craigne ; mais je dis beaucoup. (*Elle rit.*)

LE COMTE.

Ne plaifantez pas , Madame, je vous en fupplie ; je vais vous parler abfolument du fond de mon cœur. Ce que je viens de vous dire n'a rien qui doive vous furprendre ; & ce doit être le langage de tous ceux qui vous connoiffent ; mais fi je pouvois l'emporter fur eux par une préférence qui me lieroit à vous pour toute ma vie , je ne conçois pas qu'il puiffe y avoir jamais de bonheur plus grand !

LA BARONNE.

Voilà qui eft divin ! Un pouvoir fi fubit de mes charmes auroit de quoi me tourner la tête , fur-tout étant fenti par un homme auffi fupérieur que vous , Monfieur. (*Elle rit.*)

LE COMTE.

Peut-être vous paroît-il ridicule que j'ofe vous l'avouer fi promptement ; mais fi vous me con-noiffiez davantage, peut-être vous détermineriez-vous moins difficilement ; & ma fupériorité, pour parler felon vous, s'éclipferoit bientôt : voilà ce qui m'engage à faire en forte d'arracher un confentement qui ne devroit être que le prix d'un temps confidérable d'affiduités & de foins.

LA BARONNE.

Ce que j'admire, c'eft l'excès de votre mo-deftie. (*Elle rit.*)

LE COMTE.

C'eft que je ne crois pas que dans une affaire fi férieufe, il faille fe donner pour plus que l'on ne vaut.

LA BARONNE.

Mais je trouve que vous valez beaucoup, & j'ai mes craintes auffi, c'eft que vous ne vous abufiez exceffivement fur tout ce que je vous paroîs mériter. (*Elle rit.*)

LE COMTE.

Parlez-moi donc férieufement, Madame, & tirez-moi de l'inquiétude où vous me mettez ; répondez-moi, je vous prie, d'une maniere à me donner l'efpérance la plus flatteufe que je puiffe concevoir.

LA BARONNE.

Oh! je vous crois très-sincérement, & rien ne peut m'engager plus facilement à me décider que le ton que vous venez d'employer. (*Elle rit , & fort.*

SCENE IX.

LE COMTE, *la regardant aller.*

Ce qui m'arrive est unique ! je me suis mo- qué de vingt femmes , qui en ont toutes été la dupe ; & celle-ci, à qui je parle très-férieuse- ment , fe rit de moi ! je m'y perds. Sans doute elle aime ailleurs. La Marquise n'en est pas inf- truite, apparemment. Je fuis défefpéré d'avoir vu la Baronne !

SCENE X.

LE COMMANDEUR, LE COMTE.

LE COMMANDEUR.

Ou sont donc ces Dames ? réponds-moi : que fais-tu là à rêver, toi ?

LE COMTE.

C'est une aventure incroyable !

LE COMMANDEUR.

Quoi donc ?

LE COMTE.

Cette Baronne de Rianville, vient de se moquer de moi en plein.

LE COMMANDEUR.

Comment ?

LE COMTE.

La Marquise est une tête aussi comme il n'y en a point. Elle avoit imaginé que je pourrois épouser la Baronne, je crois qu'elle l'a prévenu de ce projet, j'arrive ; elle me laisse avec elle : sa fortune m'avoit tenté, & sa figure me décide dès le premier moment ; jamais aucune femme n'a su me plaire davantage.

LE COMMANDEUR.

Eh bien , tout a été conclu, arrangé dans l'inftant , fans doute ?

LE COMTE.

Eh ! point du tout. J'ai tout employé pour lui faire connoître l'afcendant que fes charmes ont acquis tout-à-coup fur mon cœur, en la voyant pour la premiere fois, & je lui ai montré le defir le plus vif de l'époufer.

LE COMMANDEUR.

Ce n'eft pas perdre de temps.

LE COMTE.

Mais je la croyois prévenue par la Marquife, & je ne voulois pas d'ailleurs qu'elle crût que je puffe former fur elle d'autres deffeins.

LE COMMANDEUR.

Cela eft délicat.

LE COMTE.

Tu m'impatientes avec tes réflexions.

LE COMMANDEUR.

Finis.

LE COMTE.

La Marquife n'a fait que me rire au nez , & je n'ai pu lui rien perfuader.

LE COMMANDEUR.

Tu le crois ?

LE

LE COMTE.

J'en suis sûr.

LE COMMANDEUR.

Celui-là est délicieux !

LE COMTE.

Cette exclamation-là, prouve tout-à-fait l'intérêt que tu prends à ma situation.

LE COMMANDEUR.

Ta situation ! voilà un grand mot. Voyons, expliquons-nous : tu en es donc réellement amoureux ?

LE COMTE.

Je te dis à en perdre l'esprit.

LE COMMANDEUR.

Ah çà, en honneur, tu ne me persifles pas, tu n'as pas réussi ?

LE COMTE.

Je te dis que je suis désespéré.

LE COMMANDEUR.

Je n'avois pas prévu cela.

LE COMTE.

Pourquoi donc ?

LE COMMANDEUR.

Je te le dirai. Voici ces Dames ; je vais tâcher de pénétrer les raisons de la Baronne. Ne t'éloigne pas.

Tome VIII.   Q

LE COMTE.

Je remets mes intérêts entre tes mains.

SCENE XI.

LA MARQUISE, LA BARONNE, LE COMMANDEUR.

LE COMMANDEUR, *à part.*

ELLES ne me voyent pas, écoutons.

LA MARQUISE.

Mais, en vérité, Madame, je ne saurois croire cela.

LA BARONNE.

Je vous dis que je le connoissois de réputation, & l'on ne m'a pas trompée. (*Elle rit.*)

LA MARQUISE.

Mais que vous a-t-il dit enfin ?

LA BARONNE.

Oh ! que sais-je, moi ? que je pouvois seule faire son bonheur, comme s'il me connoissoit depuis long-temps ; enfin, il ne m'a pas dit un mot sans me persifler. (*Elle rit.*)

LA MARQUISE.

Et que lui avez-vous répondu ?

LA BARONNE.

Que j'étois enchantée de fa modeftie.(*Elle rit.*)

LA MARQUISE.

Et tout cela en riant ?

LA BARONNE.

Mais jugez, j'étois d'un embarras extrême.
(*Elle rit.*)

LA MARQUISE.

Il eft donc perfuadé qu'il vous convient ?

LA BARONNE.

Je crains qu'il n'imagine que j'aie été la dupe
de tout ce qu'il m'a dit. (*Elle rit.*)

LE COMMANDEUR.

Eh bien, Madame, vous pouvez ceffer d'ê-
tre inquiete.

LA MARQUISE.

Quoi, vous avez entendu ce que la Baronne
vient de dire ?

LE COMMANDEUR.

Oui, vraiment. & tout ceci eft fort plaifant!

LA MARQUISE.

Comment donc ?

LE COMMANDEUR.

C'eft que le Comte eft réellement perfuadé
que Madame la Baronne s'eft moquée de fes
prétentions fur elle.

LA MARQUISE.

Ah ! celui-là eſt charmant !

LA BARONNE.

Madame, Monſieur le Commandeur me per-
ſiſle auſſi, & je vous avoue que j'en ſuis fu-
rieuſe. (*Elle rit.*)

LA MARQUISE.

Non, je vous réponds du Commandeur.

LE COMMANDEUR.

Et moi du Comte; mais je vois que vous ſerez difficiles à perſuader l'un & l'autre. Je vous
ai bien dit, Madame la Marquiſe, que ce mariage-là ne réuſſiroit pas, ſi je ne m'en mélois
point.

LA MARQUISE.

Et que comptez-vous faire pour cela ?

LE COMMANDEUR.

Le voici. Il faut que Madame la Baronne
m'honore aſſez de ſa confiance, pour me dire
tout naturellement ſi le Comte lui convient.

LA BARONNE.

J'ai déjà dit à Madame, qu'un homme, qui la
premiere fois qu'il m'a vue m'a perſiflée, ne
ſauroit me convenir. (*Elle rit.*)

LE COMMANDEUR.

Mais, ſuppoſé qu'il ne vous ai pas perſiflée ?

LA BARONNE.

Eh bien, un autre homme qui lui reffembleroit, & qui n'auroit pas le défaut qu'il a, ne me déplaîroit pas. (*Elle rit.*)

LE COMMANDEUR.

Je vais le faire venir. (*Il va chercher le Comte.*)

LA BARONNE.

Ah ! gardez - vous - en bien , il me fait une frayeur mortelle. (*Elle rit.*)

LA MARQUISE.

Et que rifquez - vous de l'entendre encore une fois ?

LA BARONNE.

Mais tout. S'il alloit vouloir m'époufer malgré moi , (*elle rit.*) je ferois très - malheureufe.

LA MARQUISE.

Quelle folie !

SCENE DERNIERE.

LA MARQUISE, LA BARONNE, LE COMTE, LE COMMANDEUR.

LE COMMANDEUR.

Madame, voici le Comte, qui eſt déſeſpéré de n'avoir pu vous perſuader de la vérité de tout ce qu'il vous a dit.

LE COMTE.

Il eſt très-vrai, Madame, que la malheureuſe prévention où vous êtes contre moi, fera le malheur de ma vie, & que je ne ſais comment m'exprimer, pour vous convaincre de la vérité de mes ſentiments.

LA BARONNE.

Je ſais à merveille qu'il ne tiendroit qu'à moi de vous croire, & que même vous en ſeriez fort aiſe. (*Elle rit.*)

LE COMTE.

Ah ! Madame, je ſerois au comble du bon-heur !

LA BARONNE.

Voilà ce que je dis, & ce qui n'arrivera pas. (*Elle rit.*)

LE COMTE.

Mais pourquoi ?

LE COMMANDEUR.

C'eſt que tu ne pourras jamais perſuader à Madame tout ce que tu ſens pour elle.

LA MARQUISE.

Oui, elle eſt très-piquée de ce que vous l'a-vez perſiflée ; elle prétend que vous avez cette réputation, & que vous vous êtes laiſſé entraîner par ce penchant, dès le premier moment que vous l'avez vu.

LE COMTE.

Moi ! il feroit poſſible ? . . .

LA MARQUISE.

Je l'ai fort aſſuré que non.

LE COMMANDEUR.

Et moi auſſi. Tout ce que j'ai gagné, c'eſt qu'elle a trouvé que je la perſiflois. Voilà le fruit de ta malheureuſe habitude, de ne plus rien pouvoir perſuader.

LE COMTE.

A quelles épreuves faut-il que je me ſoumette, Madame, je vous en ſupplie, ordonnez, exigez, je ſuis prêt à tout.

LA BARONNE.

Je n'en veux point d'autres ; il m'eſt doux de

m'être trompée, & je vous prie de le croire. (*Elle rit.*)

LE COMMANDEUR.

Tu dois être content.

LE COMTE.

Oui, Madame ne se moque-t-elle pas encore de moi ?

LA BARONNE.

Je vous réponds que ce n'est pas mon défaut. (*Elle rit.*)

LE COMTE.

Allons, je dois aller cacher ma honte.

LE COMMANDEUR.

Ecoute-moi.

LE COMTE.

Que pourras-tu me dire ?

LE COMMANDEUR.

Que ceux qui passent leur vie à plaisanter, ne supportent pas quelquefois la plaisanterie des autres ; qu'ils craignent autant le ridicule, qu'ils sont charmés de le faire naître, & de sacrifier tout ce qui se trouve sous leur main pour le seul plaisir d'amuser.

LE COMTE.

Je ne vois pas à quoi tu en veux venir, si ce n'est encore à me rendre plus odieux aux yeux de Madame.

LE COMMANDEUR.

Voilà ce qui n'arrivera pas , fi tu ne veux plus avoir de défiance. Madame eft vraie , & elle fuit les mouvements de fon cœur en confentant à t'époufer.

LE COMTE.

Seroit-il bien poffible ?

LA MARQUISE.

Madame , raffurez-le donc ; allons , ma chere Baronne.

LA BARONNE.

Monfieur le Commandeur vient d'exprimer fi bien tout ce que je penfe , que je n'ai rien à y ajouter. (*Elle rit.*)

LE COMTE.

Eh bien , tu vois comme elle fe moque de moi.

LA BARONNE.

Vous m'offenferez très vivement , Monfieur , fi vous continuez d'avoir cette penfée. Lorfque j'ai bien voulu revenir de la prévention où j'é-tois contre vous , fur la parole de Madame la Marquife & celle de Monfieur le Commandeur. Je vous le dis très-férieufement. (*Elle rit.*)

LE COMTE , *à part.*

Je n'y comprends plus rien.

LA BARONNE.

Vous héfitez encore à me croire ; prenez y garde , je penferai que vous voulez jouer la mo-deftie. (*Elle rit.*)

LE COMTE.

Et je ne vous paroîtrai donc jamais vrai ?

LA BARONNE.

Sera-ce ma faute ? n'ai-je pas fait tout ce qu'il falloit pour me perfuader moi-même ? (*Elle rit.*

LA MARQUISE.

Tenez , convenez de vos faits , & ne vous expliquez pas davantage.

LA BARONNE.

Pour moi , j'y confens de tout mon cœur. (*Elle lui donne fa main en riant.*)

LE COMTE , *lui baifant la main.*

Ah ! mon bonheur n'eft donc plus douteux !

LE COMMANDEUR.

Je vais dévoiler à préfent tout le myftere. La gaieté de Madame la Baronne t'a embarraffe ?

LE COMTE.

Il eft vrai.

LE COMMANDEUR.

J'ai voulu que tu fentiffes une fois bien véri-tablement par toi-même, combien, avec l'habitude de perfifler, on ôte la confiance à ceux avec qui on eft expofé à vivre tous les jours.

LA BARONNE.

L'avis eft bon , Monfieur le Comte. (*Elle rit.*)

LE COMTE.

Et je vous jure d'en profiter.

LE COMMANDEUR.

Allons, ne nous occupons plus que du foin d'affurer votre bonheur.

L'UNIFORME

DE

CAMPAGNE.

CENTIEME PROVERBE.

PERSONNAGES.

M. DUVERDIER, *Auditeur des comptes.*

Mᵉ. PAVARET, *Sœur de M. Duverdier.*

Mlle. BATILDE, *Fille de M. Duverdier.*

M. GOBERGEAU, *Substitut.*

M. LANDIER, *Greffier.*

M. DE CLAIRVILLE, *Fils de M. Landier.*

M. BETASSIER, *Président au grenier à sel de Troyes.*

LA BRIE, *Laquais de M. Gobergeau.*

La Scene est dans la maison de campagne de M. Duverdier, à Arcueil.

L'UNIFORME

DE

CAMPAGNE.

PROVERBE.

___

SCENE PREMIERE.

ME. PAVARET, Mlle. BATILDE.

Mlle. BATILDE.

Eh bien, ma tante, que dites-vous de Monsieur de Clairville, avec le nouvel uniforme ?

ME. PAVARET.

Je dis qu'il eſt bien bon de l'avoir fait faire.

Mlle. BATILDE.

Moi, je ſuis fort aiſe qu'il s'occupe de plaire à mon pere.

ME. PAVARET.

Et vous avez raiſon, puiſque vous l'aimez;

mais je n'en trouve pas moins ridicule votre
pere, de vouloir avoir un uniforme à fa campagne.

Mlle. BATILDE.

Mais on dit que tout le monde en a.

M_E. PAVARET.

Parce que tout le monde veut faire comme
les Grands ; & qu'eft-ce qui a commencé ? c'eft
le Roi d'abord , & puis les Princes. Je me fuis
fait expliquer tout cela, encore c'étoit des uni-
formes de chaffe ; & mon frere n'avoit pas befoin de faire faire des habits verds à tous fes
amis, pour tuer des lapins dans fa baffe-cour.

Mlle. BATILDE.

Il tire quelquefois des moineaux.

M_E. PAVARET.

Oui , & il manque toujours les hirondelles.

Mlle. BATILDE.

Ma tante , permettez - moi d'aimer les habits
verds.

M_E. PAVARET.

Vous êtes peut-être comme mon frere , qui a
choifi cette couleur là , parce qu'il s'appelle Monfieur Duverdier. Eft-ce qu'il ne vouloit pas que
les femmes fuffent auffi habillées de verd ?

Mlle. BATILDE.

Cela m'auroit été fort égal.

M_E.

ME. PAVARET.

Moi je ne l'ai pas voulu ; on auroit cru que j'y aurois applaudi , pendant que je fuis très-fâché qu'il ait cette fantaifie-là. Il me femble que j'entends dire : Voyez donc les airs que fe donne Monfieur Duverdier, pour un Auditeur des comptes ; encore s'il étoit Préfident , à la bonne heure. Et feu mon mari, qui avoit penfé l'être , n'auroit jamais fait une chofe pareille.

Mlle. BATILDE.

En vérité, ma tante...

ME. PAVARET.

Et puis les femmes ont déjà dit qu'elles ne porteroient jamais la livrée de Monfieur Duverdier ; enfin, cela fera que nous n'en aurons peut-être pas ici de long-temps.

Mlle. BATILDE.

Il eft fûr que nous aurons des hommes.

ME. PAVARET.

Moi, j'aime les femmes ; parce qu'il faut bien quelqu'un à qui parler à la campagne , & que depuis qu'il y a un billard ici, vous voyez bien que nous reftons toujours toutes feules.

Mlle. BATILDE.

Monfieur Landier nous tient quelquefois compagnie.

ME. PAVARET.

Oui, & il ne dit pas un mot ; fi vous l'ai-

Tome VIII. R

mez, c'eſt qu'il eſt le pere de Monſieur de Clairville. Pour Monſieur Gobergeau, il ſe moque
de tout le monde.

Mlle. BATILDE.

Il eſt l'ami de mon pere ; & je crois qu'il faudroit le mettre dans nos intérêts.

Me. PAVARET.

Pour déterminer votre mariage avec Monſieur de Clairville , n'eſt-ce pas ?

Mlle. BATILDE.

Oui , ma tante.

Me PAVARET.

Et vous croyez qu'il ſera fort empreſſé de
vous ſervir ?

Mlle. BATILDE.

Pourquoi non ?

Me. PAVARET.

Il eſt vrai qu'il pourroit avoir de là occaſion
de vous faire des mauvaiſes plaiſanteries , & cela
pourroit bien l'engager à ſe mêler de vos affaires.

Mlle. BATILDE.

Ah ! voilà Monſieur de Clairville.

SCENE II.

Me. PAVARET, Mlle BATILDE, M. DE CLAIRVILLE.

Me. PAVARET.

Eh bien, Monfieur, ma niece eft charmée de vous voir en habit verd ; & moi, je vous trouve bien bon d'avoir eu cette complaifance.

M. DE CLAIRVILLE.

Il n'y a pas grand mérite à cela, Madame ; d'ailleurs, vous favez ce qui m'occupe le plus : ainfi tout ce qui peut y avoir rapport ne fauroit être négligé.

Me. PAVARET.

Je ne crois pas que vous foyez inquiet de votre fort.

M. DE CLAIRVILLE.

Mais, Madame....

Me. PAVARET.

Vous avez de l'impatience ?

M. DE CLAIRVILLE.

Je l'avoue : je compte fur vos bontés ; mais Monfieur Duverdier ne termine rien.

Me. PAVARET.

Il n'avoit que son uniforme dans la tête ; cela l'empêchoit de s'occuper d'autre chose ; & c'est ce qui faisoit, quand je lui parlois de votre mariage , qu'il me répondoit oui, nous verrons cela ; rien ne presse.

Mlle. BATILDE.

Mais s'il s'en ageoit avec un autre, ma tante ?

Me. PAVARET.

Je n'y donnerois pas mon consentement , ma niece.

M. DE CLAIRVILLE.

Et s'il alloit en avant ?

Me. PAVARET.

Ma niece n'auroit pas mon bien.

M. DE CLAIRVILLE.

Et j'en serois la cause ! Ah ! Madame, j'en mourrois de douleur.

Mlle. BATILDE.

Que m'importeroit d'être riche, si l'on me séparoit de vous ?

Me. PAVARET.

Votre pere se tient tranquille à son ordinaire.

M. DE CLAIRVILLE.

Il m'a dit qu'il parleroit ; mais il ne pressera rien. Je n'ose parler moi - même , & je ne sais pas si je ne viens pas de me donner un petit tort vis-à-vis de Monsieur Duverdier.

Mlle. BATILDE.

Comment donc ?

M. DE CLAIRVILLE.

C'est que j'ai refusé de tirer des moineaux avec lui, pour venir ici.

Me. PAVARET.

Il est donc sorti ?

M. DE CLAIRVILLE.

Oui, il se promene le long des haies.

Mlle. BATILDE.

Ah ! voilà un Monsieur que je ne connois pas. Ma tante, allons-nous-en.

Me. PAVARET.

Je le veux bien. Il est aussi en uniforme : il faut que ce soit un ami de votre pere.

Mlle. BATILDE.

Cela ne fait rien. Restez ici , Monsieur de Clairville, pour savoir qui c'est.

M. DE CLAIRVILLE.

J'irai vous rejoindre tout de suite.

SCENE III.

M. BETASSIER, M. DE CLAIRVILLE.

M. BETASSIER.

Ah ! Monsieur, je vous cherchois ; on m'a-
voit dit que vous êtiez ici, & je vous ai reconnu d'abord quand je vous ai vu.

M. DE CLAIRVILLE.

Moi, Monsieur ?

M. BETASSIER.

Oui, vraiment ; ce n'est pas que vous ne
soyez bien rajeuni depuis dix ans que vous avez
passé à Troyes ; mais je sais bien pourquoi.

M. DE CLAIRVILLE.

Moi rajeuni ?

M. BETASSIER.

Oui vraiment, & cela ne me surprend pas,
parce que mon pere m'a dit que je verrois à
Paris des choses bien extraordinaires.

M. DE CLAIRVILLE.

Celle-la, en effet, le seroit un peu.

M. BETASSIER.

Moi, je ne le trouve pas tant, à vous dire le
vrai, parce que j'en ai bien vu des exemples.

M. DE CLAIRVILLE.

Des exemples ?

M. BETASSIER.

Oui, des gens qui font rajeunis, & cela eft tout fimple : quand on a toujours porté perruque, & que l'on reprend fes cheveux, cela fait toujours cet effet-là.

M. DE CLAIRVILLE.

C'eft une réflexion que je n'avois pas faite.

M. BETASSIER.

Et puis il m'étoit impoffible de ne pas vous reconnoître avec votre habit verd.

M. DE CLAIRVILLE.

Comment ?

M. BETASSIER.

Oui, mon pere m'a dit que vous lui aviez écrit que tout le monde feroit en habit verd ici.

M. DE CLAIRVILLE.

C'eft une raifon.

M. BETASSIER.

Oui, une raifon qui ma retenu à Paris dans une auberge pendant quinze jours, & cela m'a coûté bien cher.

M. DE CLAIRVILLE.

Il falloit venir fans cela.

R 4

M. BETASSIER.

Mon pere me l'avoit bien défendu ; & le tailleur m'a fait attendre de jour en jour jufqu'aujourd'hui : tantôt c'étoit une nôce, tantôt c'étoit un deuil, tantôt . . . . Et puis il m'a fait mon habit trop large ; & comme il avoit pris trop de drap, à ce qu'il m'a dit, il m'a fait quatre culottes & un gilet pour l'hiver, & tout cela me coûte horriblement d'argent, qu'il a fallu payer encore.

M. DE CLAIRVILLE.

Il me paroît que vous avez affaire à Monfieur Duverdier ?

M. BETASSIER.

Oui, Monfieur, & une affaire qui doit me rapporter beaucoup d'argent ; c'eft ce qui me confolera de la dépenfe de mon habit verd.

M. DE CLAIRVILLE.

En ce cas, Monfieur, je vous laiffe, cela ne me regarde pas.

M. BETASSIER.

Quoi ! vous n'êtes pas Monfieur Duverdier ?

M. DE CLAIRVILLE.

Non, Monfieur.

M. BETASSIER.

Il eft fingulier que vous lui reffembliez autant.

M. DE CLAIRVILLE.

Tenez, je crois que je l'entends ; je m'en vais. (*Il fort.*)

M. BETASSIER.

J'ai bien fait de n'en pas dire davantage. Voilà ce que c'eft que de favoir garder fon fecret. J'ai une grande obligation à mon pere de m'avoir élevé à cela.

SCENE IV.

M. GOBERGEAU, M. BETASSIER.

M. GOBERGEAU, *à part.*

QUELLE diable de fantaifie d'aller tirer des moineaux ! On ne trouve perfonne ici pour jouer au billard. Mais quel eft cet homme-là : je ne l'ai jamais vu ; je pourrai m'en amufer peut-être.

M. BETASSIER.

Vous me regardez beaucoup ; je vois bien que vous me reconnoiffez, Monfieur.

M. GOBERGEAU.

Il eft vrai que je ne vous trouve pas du tout changé.

M. BETASSIER.

C'eft ce que mon pere m'a dit : il prétend que j'ai autant d'efprit que quand j'étois petit , & vous vous en appercevrez bien ; parce que vous n'aurez pas oublié tout ce que je vous ai dit , il y a dix ans , quand vous êtes venu voir mon pere à Troyes.

M. GOBERGEAU.

Je m'en fouviens bien , & je trouve que vous avez prefque autant d'efprit que lui.

M. BETASSIER.

Oh ! bien davantage , à ce que m'a dit ma mere. Enfin, je fuis bien aife de vous trouver ; car j'ai penfé dire notre fecret à un Monfieur tout à l'heure que j'avois pris pour vous.

M. GOBERGEAU.

Et vous voyez bien à préfent que vous ne vous trompez pas ?

M. BETASSIER.

Oh ! pour cela non ; mais c'eft qu'il avoit un habit verd comme vous.

M. GOBERGEAU.

Il eft vrai que cela change bien la phyfionomie ; cependant moi je vous ai reconnu tout de fuite.

M. BETASSIER.

C'eft que vous avez une bonne mémoire.

M. GOBERGEAU.

Mais pas trop ; car j'oublie toujours les noms.

M. BETASSIER.

Vous ne vous souvenez pas du mien quand j'étois petit ?

M. GOBERGEAU.

J'ai une idée confuse…

M. BETASSIER.

Je l'ai pourtant porté jusqu'à quinze ans , & je m'appellois Coco.

M. GOBERGEAU.

Ah ! Coco ! cela est vrai.

M. BETASSIER.

Mais à présent je m'appelle Monsieur Betassier.

M. GOBERGEAU.

Ah ! Monsieur Betassier , je suis bien votre très-humble serviteur.

M. BETASSIER.

Ah ! Monsieur Duverdier, ne me traitez donc pas comme cela avec tant de cérémonie.

M. GOBERGEAU.

Je vous rends ce que je vous dois.

M. BETASSIER.

Vous avez bien de la bonté. Vous ne savez peut-être pas d'où vient ce nom ?

M. GOBERGEAU.

Votre pere a oublié de me le mander.

M. BETASSIER.

Il vient d'un clos que nous avons où nous élevons du bétail , & le bétail chez nous eſt des moutons , comme vous ſavez.

M. GOBERGEAU.

Oui , oui , je ſais cela.

M. BETASSIER.

De ſorte qu'un clos renfermant le bétail , nous l'appellons bétaſſier , & mon pere m'a fait prendre ce nom ; parce qu'en l'ajoutant à celui de Préſident , cela ſonne bien , voyez : Monſieur le Préſident Betaſſier.

M. GOBERGEAU.

Cela eſt fort beau !

M. BETASSIER.

Je crois que Mademoiſelle votre fille ſera fort aiſe de s'appeller Madame la Préſidente Betaſſier ?

M. GOBERGEAU.

Il n'en faudra pas davantage pour la déterminer à vous épouſer. Mais d'où êtes - vous Préſident ?

M. BETASSIER.

Du grenier à ſel.

M. GOBERGEAU.

Je ne m'étonne pas fi vous en mettez tant dans tout ce que vous dites.

M. BETASSIER.

Cela n'eft pas difficile à penfer , parce que dis-moi qui tu fréquentes, je te dirai qui tu es.

M. GOBERGEAU.

Il me paroît que vous avez de l'érudition.

M. BETASSIER.

Eh mais , je le crois bien. Eft-ce que je n'ai pas été reçu tout-d'un coup avocat à Bourges , dès que je me fuis préfenté ?

M. GOBERGEAU.

Vous n'avez donc pas eu befoin pour cela de vous mettre dans le fauteuil ?

M. BETASSIER.

Non. L'on m'a dit qu'il y avoit un de mes confreres qui l'occupoit , qu'il faudroit attendre trop long-temps ; je m'en fuis paffé pour épargner mon argent.

M. GOBERGEAU.

Cela eft fort fenfé.

M. BETASSIER.

C'eft qu'on ne l'a pas plutôt dépenfé , qu'on ne l'a plus.

M. GOBERGEAU.

Fort bien dit.

M. BETASSIER.

A propos de cela, on dit qne Mademoiſelle votre fille eſt une riche héritiere ; parce qu'elle a une tante qui eſt veuve, & qui ne veut pas ſe remarier.

M. GOBERGEAU.

Oui , c'eſt un excellent parti.

M. BETASSIER.

Son bien ne diminuera pas avec moi.

M. GOBERGEAU.

Vous ſaurez donc le faire valoir ?

M. BETASSIER.

C'eſt là mon grand talent. Imaginez-vous que j'ai amaſſé tout l'argent qu'on me donnoit pour mes menus plaiſirs , quand j'étois au college.

M. GOBERGEAU.

C'eſt être bien habile.

M. BETASSIER.

Et depuis je n'ai rien prêté, qu'on ne m'en ait rendu bien davantage.

M. GBOERGEAU.

C'eſt être généreux !

M. BETASSIER.

Sûrement ; car il y a des gens qui ne prêtent

jamais rien afin qu'on ne le garde pas , de peur
de le perdre.

M. GOBERGEAU.

Et vous aimez beaucoup l'argent ?

M. BETASSIER.

Oh! comme tout ! Oh! fi vous mourez de bonne
heure , vous verrez comme je régirai tout votre
bien : allez , allez , tous vos petits enfants feront
bien riches.

M. GOBERGEAU.

Mais fi la tante en queftion ne penfe pas comme vous ?

M. BETASSIER.

Cela ne m'inquiete pas. On m'a dit qu'elle
avoit bien de l'efprit.

M. GOBERGEAU.

Oui ; mais elle eft très-prodigue.

M. BETASSIER.

Oh! cela ne m'embarraffe pas , parce que je
me mettrai à la tête de fes affaires , je la pren-
drai en penfion chez moi , & elle n'aura nulle
dépenfe à faire ; c'eft même ce que mon pere
vous mande dans une lettre que je devrois déjà
vous avoir donnée : attendez que je la cherche,
(*Il cherche dans fa poche.*)

SCENE V.

M. LANDIER, M. GOBERGEAU, M. BETASSIER.

M. LANDIER.

Que fais-tu donc ici, Gobergeau ?

M. BETASSIER.

Monsieur s'appelle Monsieur Gobergeau ?

M. LANDIER.

Sûrement.

M. GOBERGEAU.

Le diable t'emporte.

M. LANDIER.

Allons, viens trouver ces Dames qui t'attendent.

M. GOBERGEAU.

J'étois ici avec ton gendre.

M. LANDIER.

Mon gendre ?

M. GOBERGEAU.

Oui, je te laisse avec lui.

M. LANDIER.

Je ne sais ce que tu veux dire. (*Il veut s'en aller.*) SCENE

SCENE VI.

M. LANDIER , M. BETASSIER.

M. BETASSIER, *à part.*

Il ne me reconnoît pas. (*haut.*) Monfieur , un moment , je vous prie.

M. LANDIER.

Que me voulez-vous ?

M. BETASSIER.

Quoi, Monfieur , vous ne vous fouvenez pas de m'avoir vu quelque part ?

M. LANDIER.

Non , jamais.

M. BETASSIER.

Ce n'eft pas votre faute.

M. LANDIER.

Je le crois bien.

M. BETASSIER.

C'eft que je fuis bien grandi , comme vous voyez.

M. LANDIER.

Cela peut être.

Tome VIII. S

M. BETASSIER.

Et puis vous ne m'avez pas vu encore en habit verd.

M. LANDIER.

Allons, je n'ai rien à vous dire.

M. BETASSIER.

Pardonnez-moi, Monſieur ; quand vous me
connoîtrez , vous verrez que nous avons de
grandes affaires enſemble.

M. LANDIER.

Vous vous trompez.

M. BETASSIER.

Oh que non ; ſi je me ſuis trompé deux fois ,
je ne me tromperai pas une troiſieme. Apprenez
que je ſuis le Préſident Betaſſier.

M. LANDIER.

Cela m'eſt fort égal.

M. BETASSIER.

C'eſt que vous ne ſavez pas mon nouveau nom.

M. LANDIER.

Je n'en ai que faire.

M. BETASSIER.

C'eſt moi qui m'appellois autrefois Coco. Vous
me remettez bien à préſent ?

M. LANDIER.

Point du tout. Et je vous dis que j'ai affaire.

M. BETASSIER.

Si c'eft dans votre jardin, je me promenerai avec vous.

SCENE VII.

ME. PAVARET, M. GOBERGEAU, Mlle. BATILDE.

M. GOBERGEAU.

TENEZ, le voilà qui s'en va avec notre ami Landier.

ME. PAVARET.

Eh ! pourquoi faire ?

M. GOBERGEAU.

Je lui ai perfuadé que Landier étoit fon prétendu beau-pere.

ME. PAVARET.

Mais c'eft donc ce qu'on appelle abfolument un fot ?

M. GOBERGEAU.

Oh ! je vous en réponds, & le plus vilain avare qu'il foit poffible de rencontrer.

ME. PAVARET.

Ce fera au moins une raifon à oppofer à mon frere. S 2

M. GOBERGEAU.

J'ai imaginé un bon moyen pour nous en dé-
faire ; mais il ne faut pas perdre de temps.

Me. PAVARET.

Quel est ce moyen ?

M. GOBERGEAU.

Vous saurez que les habits verds lui tournent
la tête, & qu'il croit, dès qu'il en voit un, que
c'est Duverdier : il m'a prit pour lui.

Mlle. BATILDE.

Il a cru aussi que Monsieur de Clairville étoit
mon pere.

M. GOBERGEAU.

Où est-il Clairville ?

Me. PAVARET.

Il est allé chercher Monsieur Landier, pour
l'engager à parler fortement à mon frere ; il voudroit bien que vous voulussiez aussi l'appuyer.

M. GOBERGEAU.

Nous n'aurons pas besoin de cela.

Me. PAVARET.

Que prétendez-vous faire ?

M. GOBERGEAU.

Qu'il me prenne encore pour Duverdier ; &
je lui parlerai d'un ton. . . .

Mlle. BATILDE.

Mais il vous reconnoîtra.

M. GOBERGEAU.

Non, non, laiſſez-moi faire. Songez donc que l'uniforme aide toujours à le tromper.

Me. PAVARET.

S'il étoit au moins bon à cela, je ne le déſapprouverois plus.

M. GOBERGEAU.

Ah ! voila la Brie.

SCENE VIII.

Me. PAVARET, M. GOBERGEAU , Mlle. BATILDE, LA BRIE , *une perruque à la main.*

M. GOBERGEAU.

Est-ce bien là une perruque de Duverdier ?

LA BRIE.

Oui , Monſieur ; c'eſt St. Jean qui me l'a donnée.

M. GOBERGEAU.

Allons , cela eſt bon. Mon chapeau bordé.

LA BRIE.

Le voilà.

M. GOBERGEAU.

Et mon fuſil ?

LA BRIE.

Je l'ai apporté auſſi. Tenez , il n'eſt pas chargé.

M. GOBERGEAU.

Cela eſt fort bien. N'as-tu pas vu un Monſieur en habit verd que tu ne connois pas ?

LA BRIE.

Oui , Monſieur , il revient par ici : il m'a appellé ; mais je ne lui ai pas répondu.

M. GOBERGEAU.

Tu as bien fait. Va-t-en lui dire que Monſieur Duverdier l'attend ici.

LA BRIE.

Cela ſuffit. (*Il ſort.*)

M. GOBERGEAU.

Et vous , Meſdames , allez-vous en ; j'irai vous dire ſi j'ai réuſſi.

ME. PAVARET.

Ne tardez pas.

M. GOBERGEAU.

J'irai , dès que j'aurai rempli mon objet.

Me. PAVARET.

Et moi , je vais chercher un autre moyen ,
en cas que vous ne réuffifiez pas.

M. GOBERGEAU.

Allez-vous-en, car j'entends quelqu'un.

Me. PAVARET.

Allons, venez, ma niece.

SCENE IX.

M. BETASSIER, M. GOBERGEAU, LA BRIE.

LA BRIE.

Tenez, Monfieur , le voilà Monfieur Duverdier.

M. BETASSIER.

Ah ! Monfieur , j'ai eu bien de la peine à vous
trouver.

M. GOBERGEAU.

C'eft que j'étois allé à la chaffe. Comment
fe porte votre pere ?

M. BETASSIER.

Fort bien , Monfieur Gobergeau : il vous fait
bien fes compliments.

M. GOBERGEAU.

Pourquoi donc m'appellez-vous Monsieur Gobergeau ?

M. BETASSIER.

Ah ! je vous demande pardon ; mais c'est que j'ai parlé tout à l'heure à un Monsieur qui s'appelloit comme cela , & qui vous ressemble beaucoup, mais beaucoup.

M. GOBERGEAU.

Cela n'est pas étonnant, il est mon frere de lait.

M. BETASSIER.

Les freres de lait se ressemblent donc dans ce pays-ci ?

M. GOBERGEAU.

Comme les jumeaux.

M. BETASSIER.

Ah ! c'est la même chose ?

M. GOBERGEAU.

Sans doute. Je suis bien aise que vous ayez fait faire mon uniforme , je l'avois mandé à votre pere.

M. BETASSIER.

Il me l'avoit bien recommandé ; & cela m'a coûté bien cher.

M. GOBERGEAU.

Cela ne fait rien. L'argent est fait pour s'en servir.

M. BETASSIER.

Oui ; mais plus on peut le garder , & mieux l'on fait.

M. GOBERGEAU.

Fi donc ! Eft-ce que vous feriez un avare ?

M. BETASSIER.

Point du tout.

M. GOBERGEAU.

A la bonne heure ; car vous ne conviendriez pas à ma fille ; mais je lui recommanderai de vous former en tout cas. Vous êtes fort riche ; en vous alliant avec moi , vous le ferez encore davantage.

M. BETASSIER.

Cela eft bien bon.

M. GOBERGEAU.

Ainfi , il faudra vous faire honneur de votre bien.

M. BETASSIER.

C'eft auffi ce que je ferai.

M. GOBERGEAU.

Vous aurez bonne chere chez vous , fans doute ?

M. BETASSIER.

Oui , en moutons fur-tout , parce que nous en avons beaucoup ; auffi nous aurons un gigot tous les jours où nous aurons du monde ; & les autres jours, des épaules, & tout cela bien rôti.

M. GOBERGEAU.

C'eſt l'affaire du ménage, ma fille arrangera tout cela mieux que vous. Ah çà, dites-moi, lui avez-vous acheté un carroſſe bien commode ?

M. BETASSIER.

Non vraiment. Je compte que nous nous en irons par la diligence, où je retiendrai deux places, quand nous ferons prêts de partir.

M. GOBERGEAU.

Qu'eſt-ce que cela veut dire, Monſieur ? vous croyez que je ſouffrirai que ma fille, quand elle ſera Madame la Préſidente Betaſſier, arrive à Troyes dans une diligence publique ?

M. BETASSIER.

Mais écoutez donc, Monſieur Duverdier.

M. GOBERGEAU.

Non, Monſieur Betaſſier, je veux que ma fille faſſe la route en poſte, & avec beaucoup de monde.

M. BETASSIER.

Mais la diligence va en poſte, & avec beaucoup de monde. Il n'y a pas à craindre des voleurs.

M. GOBERGEAU.

Ce n'eſt pas les voleurs que je crains pour ma

fille, elle ne les craint point non plus ; d'ailleurs les gens riches font faits pour être volés,
ils le font tous les jours, il faut s'accoutumer
à cela.

M. BETASSIER.

Mais je ne l'ai jamais été.

M. GOBERGEAU.

C'eft que vous n'avez pas encore eu une maifon à vous.

M. BETASSIER.

J'efpere que j'empêcherai bien qu'on me vole.

M. GOBERGEAU.

Fi donc ! Préfident, vous avez l'ame craffe.
Ma fille aura donc une très-bonne voiture à
quatre places, tirée par quatre chevaux, & par
deffus tout cela une vache.

M. BETASSIER.

Ah ! je vois bien à préfent que vous vous
moquez de moi.

M. GOBERGEAU.

Non, parbleu, ce font mes intentions & celles
de fa tante.

M. BETASSIER.

Mais, Monfieur, on n'attele pas une vache
avec des chevaux, cela feroit vilain.

M. GOBERGEAU.

Ignorant ! vous ne favez donc pas ce que c'eft
qu'une vache ?

M. BETASSIER.

Ah, ah, ah! je ne fais pas ce que c'eft qu'une vache, moi ? un Préfident, au grenier à fel encore. (*Il rit.*)

M. GOBERGEAU.

Oui, oui, riez ; une vache fe met fur l'impériale de la voiture.

M. BETASSIER.

Elle doit l'affommer.

M. GOBERGEAU.

Non ; car c'eft un pannier dans lequel on met des robes, des bonnets, & toutes les chofes dont une femme a befoin.

M. BETASSIER.

Je ne comprendrai jamais cela.

M. GOBERGEAU.

Je le crois bien.

M. BETASSIER.

D'ailleurs, je n'ai pas befoin de nourrir quatre chevaux & une vache quand je ferai arrivé à Troyes.

M. GOBERGEAU.

Il le faudra pourtant.

M. BETASSIER.

Ni d'avoir une voiture à quatre places quand

nous ne ferons que deux ; car moi, je ne veux
jamais mener perſonne.

M. GOBERGEAU.

Et qui menera les deux femmes-de-chambre
de la Préſidente ?

M. BETASSIER.

Elle n'en aura pas.

M. GOBERGEAU.

Elle n'en aura pas ! ma fille n'aura pas de femmes-de-chambre !

M. BETASSIER.

Non ; parce que nous avons un perruquier à
Troyes qui coëffe toutes les femmes de la ville,
elle le prendra.

M. GOBERGEAU.

Elle ne le prendra pas , ni vous non plus ;
car vous n'épouſerez jamais ma fille.

M. BETASSIER.

Mais écoutez donc , Monſieurs Duverdier.

M. GOBERGEAU.

Et j'écrirai à votre pere que vous êtes un
vilain , un avare.

M. BETASSIER.

Mais ſi Mademoiſelle votre fille vouloit de
moi ?

M. GOBERGEAU.

Elle n'eſt pas capable de penſer comme vous.

M. BETASSIER.

Que je lui parle ſeulement.

M. GOBERGEAU.

Je ne le ſouffrirai pas ; & dès ce moment tout eſt rompu.

M. BETASSIER.

Monſieur, que je vous diſe un mot.

M. GOBERGEAU.

Non, je n'écoute plus rien , & je vous prie de ſortir de chez moi, & dans l'inſtant.

M. BETASSIER.

Vous me chaſſez ?

M. GOBERGEAU.

Ah ! je vous en réponds. Allons, ſortez.

M. BETASSIER.

Monſieur , ſavez-vous que j'ai du cœur ?

M. GOBERGEAU.

Qu'eſt-ce que vous ferez ?

M. BETASSIER.

Je m'en irai , & je n'épouſerai point votre fille.

M. GOBERGEAU.

C'eſt tout ce que je demande.

SCENE X.

M. DE CLAIRVILLE, M. BETASSIER, M. GOBERGEAU.

M. DE CLAIRVILLE.

Monsieur Gobergeau, ces Dames vous prient de venir promptement ; mon pere est avec elles.

M. GOBERGEAU, *bas.*

La peste t'étrangle !

M. BETASSIER.

Quoi ! c'est là Monsieur Gobergeau ?

M. DE CLAIRVILLE.

Monsieur, c'est lui - même, un des amis de Monsieur Duverdier.

M. GOBERGEAU, *bas à M. de Clairville.*

Bourreau, que faites-vous ?

M. DE CLAIRVILLE.

Moi ?

M. GOBERGEAU, *bas.*

Oui, vous. Allons, allons-nous-en ; je vous dirai cela.

SCENE XI.

M. BETASSIER.

Aʜ, ah! ce n'étoit pas là Monſieur Duverdier!... Auſſi je ne m'y étois pas trompé d'a-
bord; je vois bien à préſent qu'il faut toujours
ſuivre ſon premier mouvement; ſi je l'eus cru
pourtant, je ſerois parti, & je ſerois revenu à
Troyes ſans l'avoir vu. Et mon pere, qu'eſt-ce
qu'il auroit dit?... Mais j'entends quelqu'un,
il faut que je prenne bien garde à moi.

SCENE

SCENE XII.

M. DUVERDIER, M. BETASSIER.

M. DUVERDIER, *un fufil à la main, & un chapeau fur la tête.*

MAIS voyez un peu ce vilain garde ! vouloir m'empêcher de tirer des moineaux : encore je n'ai jamais pu trouver les deux que j'ai tués en trois heures de temps. Ah ! je ne crains pas fon procès-verbal.

M. BETASSIER.

C'eft encore Monfieur Gobergeau.

M. DUVERDIER.

Seroit-ce vous, Monfieur Betaffier ?

M. BETASSIER.

Eh ! vous le favez bien ; mais je ne vous crains pas, comme vous voyez.

M. DUVERDIER.

Comment, vous ne me craignez pas ?

M. BETASSIER.

Non ; & je ne m'en irai pas que je n'aie parlé à Monfieur Duverdier.

Tome VIII. T

M. DUVERDIER.

Eh bien , c'eft moi qui fuis Monfieur Duverdier.

M. BETASSIER.

Ah ! qu'on ne m'attrape pas comme cela trois fois. Je ne vous parlerai feulement pas.

M. DUVERDIER.

Vous ne me parlerez pas ?

M. BETASSIER.

Non , non , je vais attendre Monfieur Duverdier dans le jardin.

M. DUVERDIER.

Mais je vous dis encore une fois que c'eft moi.

M. BETASSIER.

Bon , bon ; c'eft pour me chaffer encore que vous voulez me faire refter.

M. DUVERDIER.

Je vous ai chaffé , moi ?

M. BETASSIER.

Mais , fûrement.

M. DUVERDIER.

Mais regardez-moi bien.

M. BETASSIER.

Oui , pour voir encore Monfieur Gobergeau.

M. DUVERDIER.

Vous êtes bien obftiné !

M. BETASSIER.

Mais vous l'êtes plus que moi ; puiſque vous voulez toujours me faire croire que vous êtes Monſieur Duverdier.

M. DUVERDIER.

Mais eſt-ce qu'on peut s'y tromper ?

M. BETASSIER.

Pardi, je vous le demande, avec tous ces diables d'habits verds.

M. DUVERDIER.

Ah ! vous les déſapprouvez ?

M. BETASSIER.

Et j'ai raiſon.

M. DUVERDIER.

Vous avez raiſon ? Mais approchez-vous donc, & regardez-moi.

M. BÉTASSIER, *regardant.*

Ah !

M. DUVERDIER.

Quoi ?

M. BETASSIER.

Il eſt vrai. Il me ſemble à préſent que vous n'êtes pas Monſieur Gobergeau. Ah çà, dites vrai : êtes-vous bien Monſieur Duverdier ? là, ne me trompez pas.

M. DUVERDIER.

Et pourquoi diable voulez-vous que je vous trompe ?

M. BETASSIER.

C'eſt que vous m'avez déjà trompé pluſieurs fois.

M. DUVERDIER.

Moi ?

M. BETASSIER.

Vous.... ou Monſieur Gobergeau.

M. DUVERDIER.

Monſieur Gobergeau aime à plaiſanter, & il ſe ſera amuſé....

M. BETASSIER.

A ſe moquer de moi ?

M. DUVERDIER.

Mais, oui.

M. BETASSIER.

Ecoutez donc, je penſe à préſent que cela pourroit bien être.

M. DUVERDIER.

Dites-moi d'abord pourquoi vous déſapprouvez mon uniforme ?

M. BETASSIER.

Je n'ai point déſapprouvé votre uniforme, je ne ſais pas ce que c'eſt.

M. DUVERDIER.

Ce ſont les habits verds que nous portons ici.

M. BETASSIER.

Dame, premiérement, c'eſt qu'ils ſont bien chers.

M. DUVERDIER.

Ah ! vous êtes donc un avare ?

M. BETASSIER.

Vous voyez bien que vous êtes Monsieur Go-bergeau ; car il m'a déjà dit cela.

M. DUVERDIER.

C'eſt-à-dire, qu'il vous connoît.

M. BETASSIER.

Non, Monſieur ; car je ne ſuis pas un avare.

M. DUVERDIER.

Qu'eſt-ce donc que vous êtes ?

M. BETASSIER.

Je ſuis économe.

M. DUVERDIER.

Ce n'eſt pas trop le vice du temps ; mais j'ai-me mieux cela que de faire des dettes, en dé-penſant plus que ſon revenu , comme font ac-tuellement bien des gens dans ce pays-ci.

M. BETASSIER.

Oh ! je ne ferai ſûrement pas comme cela.

M. DUVERDIER.

Voilà ce que m'a mandé pluſieurs fois votre pere.

M. BETASSIER.

Vous connoiſſez donc ſon écriture ?

M. DUVERDIER.

Mais sûrement.

M. BETASSIER, *montrant la lettre*.

Tenez, voyez un peu celle de cette lettre, de qui eft-elle ?

M. DUVERDIER.

De votre pere.

M. BETASSIER, *donnant la lettre*.

Ah ! vous êtes donc le vrai Monfieur Du-verdier ; j'en fuis bien sûr à préfent, je fuis bien votre très-humble ferviteur.

M. DUVERDIER, *lifant*.

Il m'avoit déjà mandé tout cela. Ah ! il vous avoit recommandé de vous faire faire un habit verd ?

M. BETASSIER.

Oui, vraiment ; & je vous ai dit combien j'en avois été fâché.

M. DUVERDIER.

Sûrement, ma fœur affurera tout fon bien à ma fille, lorfque vous l'épouferez.

M. BETASSIER, *fe frottant les mains*.

Cela fera une bonne affaire !

M. DUVERDIER.

Vous paroiffez bien aimer l'argent.

M. BETASSIER.

Pas mal.

M. DUVERDIER.

C'eſt votre affaire. Je vais vous mener chez ma ſœur, & vous y verrez ma fille.

M. BETASSIER.

Cela me fera grand plaiſir.

M. DUVERDIER.

Vous ſerez donc bien aiſe de vous marier ?

M. BETASSIER.

Oui, Monſieur, avec Mademoiſelle votre fille.

M. DUVERDIER.

Peut-être qu'elle ne paroîtra pas vous aimer beaucoup d'abord.

M. BETASSIER.

Oh ! cela ne fait rien.

M. DUVERDIER.

Mais, par la ſuite, cela viendra.

M. BETASSIER.

Ou cela ne viendra pas ; mais je ſerai ſon mari toujours.

M. DUVERDIER.

C'eſt donc là tout ce que vous voulez ?

M. BETASSIER.

Oui, avec le reſte.

M. DUVERDIER.

Ah ! ah ! vous êtes un petit malin.

M. BETASSIER.

Oh! point du tout , je veux dire avec le bien qu'elle m'apportera.

M. DUVERDIER.

Mais fi donc ! il ne faut pas dire cela.

M. BETASSIER.

Oh ! pardonnez-moi , puisque je le pense.

M. DUVERDIER.

Je vois du moins que vous êtes franc.

M. BETASSIER.

Oui , Monsieur , c'est ce que je suis.

M. DUVERDIER.

Allons , venez , venez.

SCENE DERNIERE.

Me. PAVARET, Mlle. BATILDE, M. DU-
VERDIER, M. GOBERGEAU, M. LAN-
DIER, M. BETASSIER, M. DE CLAIR-
VILLE.

Me. PAVARET.

MON frere, je viens vous faire part d'une ré-
folution que j'ai prife.

M. DUVERDIER.

Et moi, ma fœur, je viens vous préfenter
Monfieur Betaffier, qui fera mon gendre.

Me. PAVARET.

Ah ! c'eft Monfieur ?

M. BETASSIER.

Oui, Madame, c'eft moi qui aurai l'honneur....

M. DUVERDIER.

Ma fille, faluez Monfieur.

M. BETASSIER.

Ah ! Mademoifelle, ce n'eft pas la peine de
vous déranger.

M. DUVERDIER.

Ma sœur , notre contrat sera bientôt fait , parce que nous sommes d'accord de tout.

M. BETASSIER.

Oui , nous sommes d'accord ; & Madame doit être très-sûre que son bien sera en très-bonnes mains.

ME. PAVARET.

Qu'est-ce qu'il dit donc Monsieur Betassier ?

M. BETASSIER.

Oh ! vous savez bien , Madame.

ME. PAVARET.

Je ne comprends pas.

M. GOBERGEAU.

C'est qu'il est fort gai , à ce qu'il paroît , Monsieur Betassier.

M. BETASSIER.

Oui , Monsieur , c'est là mon défaut.

M. GOBERGEAU.

Cependant on n'a pas toujours envie de rire.

M. BETASSIER.

Oh ! moi , quand je me marie , tout m'est égal.

ME. PAVARET.

A propos de mariage , mon frere , nous pourrons faire nos deux nôces le même jour.

M. DUVERDIER.

Comment nos deux nôces ?

ME. PAVARET.

Oui, celle de ma niece & la mienne.

M. DUVERDIER

Vous vous mariez ?

ME. PAVARET.

Oui. Puifque vous ne voulez pas donner votre fille à Monfieur de Clairville qu'elle aime,
je l'époufe, & je lui donne tout mon bien.

M. DUVERDIER

Et vous y confentez, vous, Monfieur Landier ?

M. LANDIER.

C'eft leur affaire, pourquoi m'y oppoferois-je ?

M. GOBERGEAU.

Il a raifon ; tout le monde eft ici d'accord.

M. DUVERDIER.

En ce cas, Monfieur Betaffier, vous êtes
trop heureux.

M. BETASSIER.

Comment, trop heureux ?

M. DUVERDIER.

Oui, je craignois que ma fœur, qui proté-
geoit Monfieur de Clairville, ne s'opposât à
votre mariage avec ma fille, & par ce moyen
elle n'y met plus d'obftacle.

M. BETASSIER.

Cependant, moi j'y en trouve un.

M. DUVERDIER.

Vous êtes sans doute plus éclairé que nous.

M. BETASSIER.

Mais cela pourroit bien être ; car vous ne voyez pas que si Madame donne son bien à Monsieur en l'épousant, Mademoiselle n'aura ni le Monsieur, ni le bien.

M. DUVERDIER.

Il est vrai ; mais elle vous aura.

M. BETASSIER.

Oui, elle m'auroit, si Madame lui donnoit son bien.

Me. PAVARET.

Si je lui donne mon bien, ce sera à condition que Monsieur de Clairville l'épousera

M. BETASSIER.

Ah ! dans ce cas-là vous le lui donneriez ?

Me. PAVARET.

Sûrement.

M. BETASSIER.

Mais vous n'aviez donc pas besoin de moi ?

Me. PAVARET.

Non, Monsieur.

M. DUVERDIER

Mais, ma sœur....

ME. PAVARET.

Voyez le parti que vous avez à prendre.

M. DUVERDIER.

Vous voulez que ma fille épouſe abſolument Clairville ?

ME. PAVARET.

Oui, mon frere.

M. DUVERDIER.

Et vous, Monſieur ?

M. BETASSIER.

Ce ſera comme il vous plaira.

M. DUVERDIER.

Vous êtes bien honnête. En ce cas, j'y conſens de tout mon cœur.

Mlle. BATILDE.

Ah, ma tante, que je vous ai d'obligation !

ME. PAVARET.

Soyez heureux, mes enfants, & je ferai trop contente.

M. BETASSIER.

Je ne vois pas pourquoi mon pere m'a fait venir ici, pour être témoin de tout cela, moi.

M. GOBERGEAU.

Eh ! n'êtes-vous pas trop heureux de remporter l'uniforme de M. Duverdier à Troyes ?

M. BETASSIER.

Je voudrois ne l'avoir jamais vu , ni porté de ma vie , & je repars tout de suite. (*Il s'en va.*)

M. GOBERGEAU.

Par la diligence , sans doute ?

M. DUVERDIER.

Laissons-le aller ; je suis seulement fâché que ce soit un uniforme de moins que je verrai dans ma maison.

LES
DEUX COMÉDIENS
DE
PROVINCE.
CENT UNIEME PROVERBE.

PERSONNAGES.

RAMAGEAU, *en habit brodé.* } *Comédiens.*
RIANVAL, *en habit de valet.*

ROBERT,
GRAND-PIERRE, } *Paysans.*
JEAN LE BLANC,
JAQUOT,

La Scene est dans la Campagne.

LES

LES
DEUX COMÉDIENS
DE
PROVINCE.
PROVERBE.

SCÈNE PREMIERE.

RAMAGEAU, RIANVAL.

RAMAGEAU.

Sais-tu bien, Rianval, que je commence à être fort content de ce qui nous est arrivé.

RIANVAL.

Quoi, Ramageau ? de ce que notre salle de comédie a été brûlée, & qu'il ne nous reste plus rien.

RAMAGEAU.

Mais nous n'avions pas grand-chose.

RIANVAL.

Nous avons fauvé le meilleur, qui étoit nos habits de théatre.

RAMAGEAU.

Et en nous fauvant ainfi, nos dettes font payées.

RIANVAL.

Nous n'aurions jamais pu fatisfaire ces animaux de créanciers.

RAMAGEAU.

Nous ne pouvions leur donner pour argent comptant, que la fcene de Dom Juan & de Monfieur Dimanche.

RIANVAL.

Et celle du Joueur avec fon Tailleur. Oui ; mais nous voyageons à pied.

RAMAGEAU.

Nous nous promenons : qu'eft - ce que nous faifons par jour, deux ou trois lieues ?

RIANVAL.

Selon que les châteaux fe trouvent fur notre chemin. Cette vie me paroît affez commode ; c'eft à-peu-près celle des mendiants, qui ne fement rien , & qui recueillent autant que ceux qui travaillent.

RAMAGEAU.

Ai-je l'air d'un mendiant ? en ai-je le ton, avec cet habit & mes talons rouges ?

RIANVAL.

C'eſt moi qui te le donne le ton ; je ſuis comme le chat botté , & toi comme le fils du meûnier, je te fais valoir ; mais j'aime mieux mon rôle que le tien.

RAMAGEAU.

Tu vis avec les valets.

RIANVAL.

Oui ; que je fais rire , & qui me régalent bien.

RAMAGEAU.

On me traite avec reſpect ſur les chemins où je paſſe , & avec conſidération dans les maiſons.

RIANVAL.

Oui ; parce que je vais annoncer qu'un Seigneur , dont la chaiſe eſt caſſée dans le village , demande au Seigneur chatelain à coucher & à ſouper ; mais quand on n'a pas le ſol pour jouer dans la ſociété , on ne fait pas un trop beau rôle.

RAMAGEAU.

Je joue le rôle d'amoureux auprès de toutes les femmes ; & elles me trouvent charmant , & de la meilleure compagnie.

RIANVAL.

Oui ; mais il faut partir le lendemain avant que tout le monde ſoit éveillé , afin qu'on ne s'apperçoive pas que nous n'avons pas d'équipage. Tu attends long-temps le souper ; & moi je mange en arrivant, & je dors, si j'en ai envie, en attendant qu'on serve ; enfin, je ne changerois pas mon habit contre le tien.

RAMAGEAU

Ni moi non plus, assurément ; tu ne manges que des restes, quand je fais très-bonne chere.

RIANVAL.

Il ne faut pas tant faire le fin, ces restes valent mieux que nos soupers d'auberge. En arrivant ici, j'ai mangé d'un pâté excellent, dont j'ai encore deux bons morceaux de croûte dans ma poche, que tu ferois peut-être bien heureux de trouver demain, si notre journée est longue.

RAMAGEAU.

Fi donc !

RIANVAL.

Tu as peut-être bien faim, à présent que tu fais le dédaigneux.

RAMAGEAU.

Mais pas mal. Sais-tu si je ferai bonne chere ce soir ?

RIANVAL.

Tu auras une fricassée de poulet, une compote de pigeons, un dindon rôti avec une salade.

RAMAGEAU.

Eh bien ?

RIANVAL.

Cela ne fera peut-être pas trop bon ; c'eft la femme du concierge qui fait la cuifine ; nous aurions dû aller plus loin.

RAMAGEAU.

L'idée de vivre ici aux dépens d'un homme abfent, m'a paru plaifante.

RIANVAL.

Oui , & ces bonnes gens qui nous ont dit : Monfieur eft fans doute Monfieur Rotor, l'ami de notre maître.

RAMAGEAU.

Cela eft affez heureux ; car nous ne favions pas le nom d'un de fes amis.

RIANVAL.

Je me fuis informé de ce Monfieur Rotor.

RAMAGEAU.

Eh bien ?

RIANVAL.

C'eft un vilain homme , qui a une très-mauvaife réputation dans le pays, qui eft dur , inhumain & fat.

RAMAGEAU.

Voilà donc le rôle qu'il faudra que je joue tant que je refterai ici ; car je penfe que nous pourrions y refter deux jours pour faire blanchir nos chemifes , en difant que nous attendons une nouvelle chaife, ayant renvoyé la nôtre.

RIANVAL.

Cela eſt bien imaginé.

RAMAGEAU.

Tu ſens bien que je vais regner en maître dans cette maiſon, comme ſi elle m'appartenoit.

RIANVAL.

Moi, qui n'ai pas de vanité, j'aimerois autant aller ailleurs ; car ſi le véritable maître de la maiſon arrivoit, cela ſeroit embarraſſant.

RAMAGEAU.

Pour des Comédiens ? j'inventerois cent fables dans un inſtant. Tu n'auras qu'à ſeulement me ſoutenir.

RIANVAL.

Ne t'embarraſſe pas.

RAMAGEAU.

Mais le ſouper doit être prêt. J'ai envie de retourner au château.

RIANVAL.

La faim rend le temps long.

RAMAGEAU.

Voici des payſans qui nous regardent beau-coup.

RIANVAL.

C'eſt de la conſidération & des reſpects qu'ils t'apportent.

RAMAGEAU.

Il faut en jouir, & s'amuſer pour paſſer le temps, en attendant le ſouper.

SCENE II.

RAMAGEAU , RIANVAL , ROBERT ; GRAND-PIERRE , JEAN LE BLANC , JACQUOT.

ROBERT , *à Rianval.*

Nous ſaurons bien ſi c'eſt Monſieur Rotor.

JEAN LE BLANC.

J'allons le demander à cet autre qui eſt avec lui.

JACQUOT.

Laiſſe-moi faire.

GRAND-PIERRE.

Eh bien oui ; ſi c'eſt lui, je l'y parlerons.

JACQUOT.

Pourriez-vous me dire comment s'appelle ce Monſieur là ?

RIANVAL.

C'eſt Monſieur Rotor.

V 4

ROBERT.

C'eft bian vrai ?

RIANVAL.

Quand je vous le dis, vous devez me croire.

GRAND-PIRRRE.

En vous remerciant.

RAMAGEAU

Qu'eft-ce que veulent ces gens-là ?

ROBERT.

Nous demandions fi vous vous appelliez Monfieur Rotor ?

RAMAGEAU.

Oui, pourquoi.

ROBERT.

C'eft vous, Monfieur, qui avez fait bâtir ce château à deux lieues d'ici ?

RAMAGEAU.

Oui, le trouvez-vous beau ?

GRAND-PIERRE.

Ah ! mon Dieu, oui Monfieur, très-beau ; il y a une avenue bien longue !

RAMAGEAU.

Mais pas mal.

JAQUOT.

Il y avoit là des maifons avant l'avenue.

RAMAGEAU.

Oui qui m'embarraffoient, j'ai fait rafer tout cela.

ROBERT.

Et favez-vous à qui étoient ces maifons.

RAMAGEAU.

Je ne m'en fouviens plus.

ROBERT.

C'étoit à la veuve Martin qui étoit ma mere.

GRAND-PIERRE.

Et à la veuve Michel qui étoit ma tante.

JEAN LE BLANC.

Et notre coufine à nous deux. *Il montre Jaquot.*

RAMAGEAU.

Eh bien, à la bonne heure.

ROBBRT.

Mais, Monfieur, quand on prend le bien des gens, il faut le payer.

RAMAGEAU.

Cela eft jufte.

GRAND-PIERRE.

On n'en a payé que le quart.

RAMAGEAU.

Apparemment que cela ne valoit pas davantage.

ROBERT.

Elles n'ont pas pu acheter d'autres maisons ; & c'est vous qui les avez rendu malheureuses en les ruinant.

RAMAGEAU.

Elles sont payées ; ainsi tout cela est fini.

GRAND-PIERRE.

Nous ne vous demandons pas d'argent ; mais cela n'est pas fini.

RAMAGEAU.

Comment ! cela n'est pas fini ?

ROBERT.

Non morgué , & je voulons en tirer vengeance nous-mêmes ; puisque je n'avons pas pû avoir de bonnes raisons autrement.

RAMAGEAU

Mais qu'est-ce que c'est donc que cela ? Si j'appelle mes gens, je vous ferai assommer.

GRAND-PIERRE.

Nous ne les craignons pas. En vela un qui nous paroît un honnête homme , qu'il ne se mêle pas de cela.

RIANVAL.

Messieurs, je ne dis rien.

ROBERT.

Et vous faites bien.

RAMAGEAU.

Mais un petit moment ; mes amis, qu'eſt-ce que vous voulez ?

GRAND-PIERRE.

Vous donner autant de coups de bâton que vous nous avez volés d'écus.

RAMAGEAU.

Eh bien, un moment, je vous les rendrai.

ROBERT.

Oui, vous nous le promettrez, & puis vous ne nous tiendrez pas parole ; j'aimons mieux le certain que l'incertain. *Il leve ſon bâton.*

RAMAGEAU.

Ah ! ça un moment, écoutez-moi ; il faut s'expliquer, je crois que vous avez raiſon.

JAQUOT.

Je le ſavons bien.

RAMAGEAU.

On m'a dit que ce Monſieur Rotor étoit un vilain, un avare.

JEAN LE BLANC.

Dites un frippon, de prendre le bien d'autrui.

RAMAGEAU.

Eh bien, oui il eſt un frippon, un coquin, tout ce que vous voudrez ; mais je ne ſuis pas Monſieur Rotor, moi.

GRAND-PIERRE.

Oh ! que je ne nous payons pas de ces raifons là.

RAMAGEAU.

Bien loin d'être Monfieur Rotor, je ne fuis
qu'un Comédien, & je m'appelle *Ramageau*.

JEAN LE BLANC.

Oh ! vous autres gens riches, vous avez
trente-fix noms, cela eft égal.

RAMAGEAU.

Je vous dis que je ne fuis pas riche.

RIANVAL.

Cela eft bien vrai.

ROBERT.

Encore une fois, je vous difons de ne pas
vous mêler de cela ; vous faites mal de fervir
un coquin comme celui-là ; mais il faut vivre
comme on peut, & je vous le paffons.

RIANVAL, *à part.*

Je ne fais pas trop comment il fe tirera delà.

RAMAGEAU.

Pourquoi ne voulez-vous pas croire ce que je
vous dis ?

GRAND-PIERRE.

Parce que vous avez un habit qui ne ment
pas comme vous, & qui dit que vous êtes riche.

JAQUOT.

Et que vous nous avez dit, vous-même, que vous êtiez Monfieur Rotor.

RAMAGEAU.

J'ai voulu badiner.

ROBERT.

Oh ! bien, nous n'avons pas envie de rire, & nous ne badinerons pas, nous. *Il leve fon bâton.*

RAMAGEAU.

Comment.... *Il s'enfuit.*

GRAND-PIERRE.

Oh ! je t'attrapperons bian. *Ils courent tous après ; on les entend frapper, & Ramageau crie.*

RAMAGEAU, *fans paroître.*

Haye, haye, haye.

RIANVAL.

Le pauvre diable, n'aimera plus autant fon bel habit.

RAMAGEAU, *revenant en criant.*

Haye, haye, haye.

ROBERT.

Monfieur, nous vous baillons bien le bonjour.

GRAND-PIERRE.

Oui, nous voilà quitte.

JAQUOT.

A moins que vous ne vouliez nous revenir
revoir.

JEAN LE BLANC.

Je vous régalerons de même.

SCENE DERNIERE.

RAMAGEAU, RIANVAL.

RAMAGEAU.

LE diable emporte les coquins ! Mais pourquoi donc ne m'as-tu pas défendu ?

RIANVAL.

Et avec quoi ? Et puis je n'ai pas voulu di-
minuer ta part de la confidération qu'on te porte
avec ton habit brodé.

RAMAGEAU.

Oui ; c'eft bien là le moment de plaifanter.

RIANVAL.

Monfieur Rotor veut-il venir fouper au château ?

RAMAGEAU.

Le diable emporte Monfieur Rotor, fon ami,
& fon château.

RIANVAL.

Et l'avenue, n'eft-ce pas ?

RAMAGEAU.

Je n'ai pas envie que ces coquins-là reviennent ici me retrouver ; allons-nous en.

RIANVAL.

Mais tu n'as pas soupé.

RAMAGEAU.

Ah ! je n'ai pas faim , éloignons-nous toujours promptement.

RIANVAL.

Allons, je le veux bien ; mais tu ne feras pas
fâché de trouver la croûte de pâté que j'ai dans
ma poche , ce foir ou demain matin.

ARLEQUIN;

ARLEQUIN,
CHIEN ENRAGÉ.
CENT DEUXIEME PROVERBE.

PERSONNAGES.

PANTALON.
LE DOCTEUR.
CAMILLE, *Servante de M. Pantalon.*
ARLEQUIN, *Valet du Docteur.*

La Scene est chez Monsieur Pantalon.

ARLEQUIN,

CHIEN ENRAGÉ.

PROVERBE.

SCENE PREMIERE.

CAMILLE *balayant l'appartement & s'arrêtant.*

Monsieur Pantalon me dit de tout ranger
ici avec soin, qu'il a des raisons qu'il me dira :
qu'est-ce que cela signifie ? S'il alloit me forcer
de l'épouser !.... comment lui résister si Arlequin
ne m'aide pas ? (*Elle balaye, puis elle s'arrête*) :
Arlequin m'a promis de venir ici ce matin, &
il ne vient pas. (*Elle balaye*). Ne m'aimeroit-
il plus ? (*Elle balaye*). Ah ! le voilà. (*Elle
quitte son balais pour aller à Arlequin*).

SCENE II.

ARLEQUIN, CAMILLE.

ARLEQUIN, *tournant autour de l'appartement;*
Camille le suit.

Hé, je cherche Camille par toute la maison
& je ne la trouve pas, il faut qu'elle soit allée
chez la Bouchere, puis chez la Rôtisseur, après
elle aura été acheté de la salade, après la salade
elle aura acheté (*Camille se met devant lui*). Ah,
te voilà, je t'ai cherché par-tout, dans le puits,
dans le four, dans l'écurie, la remise, sous les
lits, sous les fauteuils, dans.... hé comment te
portes-tu ? Et bonjour, ma chere Camille, je ne
t'ai pas plus vu depuis hier au soir. J'ai rêvé toute
la nuit que je te disois : ah, que tu es jolie ! que
tu es charmante ! que tu as un beau petit nez !
que tu as de beaux petits yeux ! que tu as une
belle grande bouche ! que tu as de belles grandes oreilles ! que tu as.... & toi, tu me disois,
(*faisant la petite voix*) : Ah, mon cher Arlequin, que tu es bien honnête ! que tu as un beau
teint ! que tu as de beaux cheveux ! ah, comme
je t'aime ! je t'aime bien ; & puis à présent que

tu es là, que je te vois, que je te parle de tout cela, tu ne me dis rien, tu ne me réponds pas, tu...., tu...., tu...

CAMILLE.

Hé, tu parle toujours.

ARLEQUIN.

C'eſt que je ſuis ravi, enchanté de te voir ; la joie me tranſporte la langue comme une cloche qui ſonne drelin, drelin, plein, plon, plein, plon.

CAMILLE.

Hé bien, écoute-moi à préſent.

ARLEQUIN.

Ah, je t'écouterai tout la jour, tout la mois, tout l'année, tout la temps de l'almanach ; tu n'as qu'à dire, je ſuis par-tout une oreille pour t'écouter ; mes bras, mes jambes, ma tête, mes pieds, mes mains, tout cela c'eſt une oreille.

CAMILLE.

Mais tais-toi, ſi tu veux que je parle.

ARLEQUIN.

Hé bien, hé bien, oui, parle, parle, parle donc promptement, je m'ennuie moi, d'écouter comme cela, ſi tu dis rien.

CAMILLE.

Je t'attendois avec impatience.

ARLEQUIN.

Tu m'attendois, & moi aussi je t'attendois ; mais quand j'ai vu que tu ne venois pas , j'ai dit comme cela : il faut que j'aille ; parce que c'est moi qui suis l'amoureux , parce que c'est à un amoureux à aller trouver sa maîtresse , mais il faut qu'elle lui parle quand il vient ; qu'elle lui dise , par exemple.....

CAMILLE.

Laisse-moi donc dire.

ARLEQUIN.

Ah ; oui, c'est juste , il faut que l'amoureux il se taise ; mais c'est que la joie , vois-tu... la ravissement....

CAMILLE.

Hé bien , tu n'auras bientôt plus de joie.

ARLEQUIN.

Comment donc ?

CAMILLE.

C'est qu'il nous arrive un malheur affreux.

ARLEQUIN.

Et quoi ?

CAMILLE.

Parle donc à présent , parle , parle , parle.

ARLEQUIN.

Je n'en ai plus la force ; ma langue elle est embarrassée dans les larmes qui ne peuvent pas passer avec.

CAMILLE.

Tu fais bien que Monfieur Pantalon eft amoureux de moi.

ARLEQUIN.

Oh , il y a bien long-temps que je fais cela ;
mais c'eft-il bien vrai.

CAMILLE.

Que trop malheureufement. Il eft aujourd'hui
très-occupé , il femble que la tête lui ait tournée.
Il a envoyé chercher fon ami , Monfieur le
Docteur. Il eft allé chez le Traiteur ; il m'a dit de
bien nétoyer toute la maifon , je ne fais pas tout
ce que cela veut dire.

ARLEQUIN.

Il a envoyé chercher Monfieur le Docteur ,
cela eft vrai ; (*il rêve*). Il eft allé chez le Traiteur , lui qui n'aime pas à dépenfer , (*il rêve*).
Il t'a dit de bien nétoyer la maifon , c'eft encore
une autre chofe... (*il rêve*). S'il alloit vouloir
fe marier avec toi?

CAMILLE.

Voilà ce que je crains.

ARLEQUIN.

Je m'en vais lui parler, moi ; laiffe-moi faire,
laiffe-moi faire, (*il fe promene*). Je lui parlerai.

CAMILLE.

Et qu'eft-ce que tu lui diras.

ARLEQUIN.

Oh, oh, oh, je lui dirai.... Monſieur Pantalon, d'abord ; parce qu'il faut être poli. Monſieur Pantalon, n'avez-vous pas de honte, vous qui êtes un honnête homme.... N'eſt-il pas un honnête homme ?

CAMILLE.

Oui, oui.

ARLEQUIN.

Vous qui êtes un noble Vénitien. N'eſt-il pas noble Vénitien ?

ARLEQUIN.

Oui, oui.

ARLEQUIN.

Vous, qui êtes un vieillard ; n'eſt-il pas un vieillard ?

CAMILLE

Sûrement.

ARLEQUIN.

Vous qui aimez l'argent ; n'aime-t-il pas l'argent ?

CAMILLE.

Beaucoup.

ARLEQUIN.

D'épouſer une ſoubrette ! Tu es une ſoubrette, toi ?

CAMILLE.

Oui, je ſuis ſa ſervante.

ARLEQUIN.

Sa fervante. Une fille qui eft une pareffeufe.
N'eft-tu pas une pareffeufe ?

CAMILLE.

Non , non.

ARLEQUIN.

Une fille qui ne fait rien faire ; tu ne fais rien
faire ?

CAMILLE.

Je fais tout le fervice de la maifon.

ARLEQUIN.

Tout le fervice de la maifon. Une fille qui n'eft
pas jolie ; tu n'eft pas jolie ? Ah , fi , fi , fi , tu es
jolie. Une fille qui aime le vin ; n'aime-tu pas
le vin ?

CAMILLE.

Un peu ; mais pas beaucoup.

ARLEQUIN.

Qui n'aime pas beaucoup le vin. Une fille qui
aime les hommes : n'aimes-tu pas les hommes ?

CAMILLE.

Je n'aime que toi , mon cher Arlequin.

ARLEQUIN.

Une fille qui n'aime que fon cher Arlequin.

CAMILLE.

Il ne faut pas dire cela.

ARLEQUIN.

Pourquoi ?

CAMILLE.

C'eſt qu'il ſeroit jaloux.

ARLEQUIN.

Oh, mais cela ne me fait rien, qu'il ſoit jaloux.

CAMILLE.

C'eſt qu'il m'enfermeroit, & je ne pourrois
plus te voir.

ARLEQUIN.

Ah ; cela eſt différent. Que veux-tu donc que
je lui diſe ?

CAMILLE.

Je ne ſais pas.

ARLEQUIN.

Comment ferons-nous donc, ma chere Camille ?

CAMILLE.

Je n'en ſais rien ; car depuis que je ſuis avec
lui , il me doit douze cents livres.

ARLEQUIN.

Et ſi tu ne veux pas te marier avec lui , il
ne voudra pas te payer ?

CAMILLE.

Voilà ce que je crains.

ARLEQUIN.

Je vais parler de tout cela à Monſieur le Doc-

teur, il fait la juſtice comme un.... comme un...
Cela il ne fait rien. Il faudra qu'il empêche le
mariage de Monſieur Pantalon avec toi , & qu'il
te faſſe rendre ton argent.

CAMILLE.

S'il le peut.

ARLEQUIN.

Il faudra bien qu'il le puiſſe , parce que je me
mettrai en colere , & quand je ſuis en colere ,
je ne ſuis pas de bonne humeur, je le menacerai.

CAMILLE.

Et de quoi ?

ARLEQUIN.

Je lui dirai , Monſieur le Docteur , vous êtes
le maître , & moi le valet ; le maître il commande toujours à ſon valet ; mais moi je veux
vous commander une fois. Il dira comment ,
qu'eſt-ce que c'eſt donc que cela ? Monſieur ,
il faut que vous faſſiez rendre juſtice à Mademoiſelle Camille , & puis le mariage, qu'il ſe
faſſe avec moi , au lieu de Monſieur Pantalon ,
ſans cela....

CAMILLE.

Quoi ?

ARLEQUIN.

Oui , il dira quoi , & moi je dirai ſans cela...

CAMILLE

Acheves donc.

ARLEQUIN.

Il dira auffi : fans cela.... Il m'aime beaucoup, Monfieur le Docteur ; je dirai donc fans
cela.... Il aura peur. Sans cela, je vais me
jetter dans la riviere.

CAMILLE.

Toi, mon cher Arlequin ?

ARLEQUIN.

Oui, Monfieur le Docteur, j'y fuis réfolu.

CAMILLE.

Tu m'abandonnerois comme cela.

ARLEQUIN.

Oui, Monfieur le Docteur : j'ai déjà marqué
ma place fur le Pont-Royal pour fauter dans
l'eau.

CAMILLE.

Quoi, c'eft bien vrai ?

ARLEQUIN.

Oh, je ne badine pas, & j'ai acheté douze
veffies pour m'aider à nager.

CAMILLE.

Que veux-tu que je devienne après cela, mon
cher Arlequin ?

ARLEQUIN.

Vous irez m'attendre aux filets de St. Cloud,
pour me faire repêcher.

CAMILLE , *pleurant.*

Ah, ah, ah, ah, je crois déjà te voir mort !

ARLEQUIN.

Je te dis que je dirai tout cela à Monfieur le Docteur.

CAMILLE.

Ah ! voilà Monfieur Pantalon.

ARLEQUIN.

Laiffe , laiffe - moi faire , je ne le crains pas.

SCENE III.

PANTALON , CAMILLE , ARLEQUIN.

PANTALON.

Allons , qu'eft-ce que tu fais ici ? Va-t'en.

ARLEQUIN.

Monfieur Pantalon, je venois pour vous dire.

PANTALON.

Tu me diras une autre fois.

ARLEQUIN.

Mais , Monfieur Pantalon. . . .

PANTALON.

Sors d'ici , te dis-je.

ARLEQUIN.

C'eft Monfieur le Docteur mon maître....

PANTALON.

Monfieur le Docteur ?

ARLEQUIN.

Oui, Monfieur Pantalon.

PANTALON.

Qu'eft-ce qu'il me mande ?

ARLEQUIN.

Ah, Monfieur Pantalon, je m'en vais prompte-
tement.

PANTALON.

Veux-tu bien répondre ?

ARLEQUIN.

Vous voulez que je m'en aille.

PANTALON.

Viendra-t'il le Docteur ?

ARLEQUIN.

Je vous obéis.

PANTALON

Veux-tu bien parler ?

ARLEQUIN.

Vous me dites que je vous le dirai une autre
fois.

PANTALON.

Mais je veux favoir....

ARLEQUIN.

Non, non, je reviendrai.

PANTALON, *l'arrétant.*

Parles, ou je t'égrangle.

ARLEQUIN.

Hé, Monſieur, je venois pour vous dire que Monſieur le Docteur viendra bientôt vous voir.

PANTALON.

C'eſt bon.

ARLEQUIN.

Monſieur, vous n'avez rien à lui mander ?

PANTALON.

Dites-lui que je l'attends.

ARLEQUIN.

Adieu, Monſieur Pantalon. *Il paſſe par devant lui.*

PANTALON.

Adieu, adieu, Arlequin.

ARLEQUIN.

Adieu, Mademoiſelle Camille.

CAMILLE.

Adieu, Monſieur Arlequin, je ſuis bien votre ſervante.

ARLEQUIN, *revenant.*

Adieu, Monſieur Pantalon. (*Il paſſe par devant*).

PANTALON.

Adieu, adieu.

ARLEQUIN.

Adieu, Mademoiselle Camille.

PANTALON.

Si tu ne t'en vas.... *Il poursuit Arlequin, &
il dit en revenant :* Ce drôle là d'Arlequin ! il se
moque de moi, je crois.

ARLEQUIN, *revenant.*

Adieu, Monsieur Pantalon.

PANTALON, *il veut le poursuivre.*

Attends-moi.

ARLEQUIN *s'enfuyant.*

Adieu, Monsieur Pantalon.

SCENE

SCENE IV.

PANTALON, CAMILLE.

PANTALON.

JE crois que ce coquin-là, il a la hardieſſe d'être amoureux de toi.

CAMILLE.

- Hé, pourquoi pas ? il eſt le valet de Monſieur le Docteur ; moi, je ſuis la ſervante de Monſieur Pantalon. Monſieur vaut bien Madame.

PANTALON.

Non, non, Monſieur ne vaut pas Madame ; car tu ne ſeras plus une ſervante, ma chere Camille.

CAMILLE.

Pourquoi cela, Monſieur Pantalon ? Je ne veux point changer d'état ; n'ai-je pas bien ſoin de votre maiſon.

PANTALON.

Si, ſi, je ne me plains pas, au contraire ; mais une autre aura ſoin de la maiſon, & tu en ſeras la maîtreſſe.

CAMILLE *riant*.

Moi la maîtreſſe ? ah, ah, ah, ah, ah ! com-

me Monsieur Pantalon se moque de moi ! ah,
ah, ah, ah, ah !

PANTALON.

Je ne me moque point, ma chere Camille ; je
veux que tu sois ma femme.

CAMILLE *riant.*

Moi, votre femme ! moi ! ah, ah, ah, ah, ah!

PANTALON.

Oui, & dès aujourd'hui.

CAMILLE *riant.*

Ah, je ne crois pas cela ! ah, ah, ah, ah, ah!

PANTALON.

Tout-à-l'heure.

CAMILLE *riant.*

Moi, Madame Pantalon ? ah, ah, ah, ah, ah!

PANTALON.

Je n'attends que le Docteur pour faire le
contract.

CAMILLE *riant.*

Ah, ah, ah, ah, ah! le contract ! ah, ah,
ah, ah, ah ! (*Elle s'en va*).

SCENE V.

PANTALON, LE DOCTEUR.

PANTALON.

ELLE devient folle de joie, apparemment. Ah, voilà le Docteur ! Monsieur le Docteur, je vous fouhaite bien le bonjour, je vous attends avec impatience.

LE DOCTEUR.

Bonjour, Monsieur Pantalon, je fuis bien votre ferviteur. Quelle affaire vous preffe donc fi fort ?

PANTALON.

Je veux me marier, Monsieur le Docteur.

LE DOCTEUR.

Oh, pour fe marier, il eft toujours temps.

PANTALON.

Non, non ; à mon âge, le plutôt vaut le mieux.

LE DOCTEUR.

Ah, vous pouvez avoir vos raifons ; d'ailleurs vous êtes fort riche....

PANTALON.

Non, je ne fuis pas riche.

LE DOCTEUR.

Vous êtes un grand Seigneur Vénitien.....

PANTALON.

Non, je ne suis pas un grand Seigneur.

LE DOCTEUR.

Vous épouserez sûrement une Princesse.

PANTALON.

Non, ce n'est pas une princesse.

LE DOCTEUR.

C'est donc une Duchesse ?

PANTALON.

Non, pas une Duchesse.

LE DOCTEUR.

Ah, une Marquise ?

PANTALON.

Non.

LE DOCTEUR.

Non ? une Comtesse, du moins ?

PANTALON.

Ni une Comtesse non plus.

LE DOCTEUR.

C'est une Baronne ?

PANTALON.

Non.

LE DOCTEUR.

Une Préfidente ?

PANTALON.

Non.

LE DOCTEUR.

Une Intendante ?

PANTALON.

Non, non , non ; c'eft une fervante.

LE DOCTEUR.

Une fervante ? une fervante !

PANTALON.

Oui , Camille , ma fervante ; je vous dis que
je veux l'époufer.

LE DOCTEUR.

Mais, Monfieur Pantalon, vous n'y penfez pas.

PANTALON.

J'y ai penfé tout ce qu'il me faut , & je veux
que cela foit dès aujourd'hui.

LE DOCTEUR.

Je le veux bien , cependant. . .

PANTALON.

Quoi ?

LE DOCTEUR.

Je fuis obligé de vous parler en honnête homme. . . .

PANTALON.

Comment ?

LE DOCTEUR.

En conscience, comme à un ami....

PANTALON.

Hé bien ?

LE DOCTEUR.

Puisque vous avez confiance en moi.

PANTALON.

Et dites donc ?

LE DOCTEUR.

C'est que vous ne savez peut-être pas une chose ?

PANTALON.

Quoi ?

LE DOCTEUR.

C'est que Camille est amoureuse d'Arlequin.

PANTALON.

Bon ! cet amour lui passera avec la fortune que je veux lui faire. Allons, faisons toujours le contrat.

LE DOCTEUR.

Comme vous voudrez ; mais vous remarquerez que je n'aurai rien à me reprocher.

PANTALON.

Non, non. (*Ils s'asseyent tous les deux avec une table devant eux, où le Docteur écrit*).

LE DOCTEUR.

La dot de Camille fera, je crois, bientôt écrite.

PANTALON.

Sa dot ? je n'en ai que faire ; mais je lui dois douze cents livres , on peut toujours en faire mention dans le contrat.

LE DOCTEUR.

A-t-elle un billet ?

PANTALON.

Elle n'en a que faire.

LE DOCTEUR.

Il feroit plus néceffaire de lui en donner un , ce feroit fon préfent de nôce , pour les habille-ments , pour les….

PANTALON.

Les habillements ; elle aura ceux de feu Ma-dame Pantalon.

LE DOCTEUR.

Hé bien , donnez-lui toujours une bourfe de cinquante louis.

PANTALON.

Non ; mais puifque vous le voulez , je vais lui faire un billet , que je ne lui payerai que quand je voudrai , ou point du tout.

LE DOCTEUR *écrivant*.

Oui, oui, j'entends : votre contrat fera bientôt fait.

PANTALON.

Ce qui me fâche, c'eft que Camille croit que
c'eft une plaifanterie que mon mariage avec elle.

LE DOCTEUR.

Bon ?

PANTALON.

Oui, elle ne veut pas le croire, & elle rit
comme une folle, quand je lui en parle.

LE DOCTEUR.

Faites-la venir ; pendant que vous écrirez le
billet, je lui parlerai.

PANTALON.

C'eft bien dit : le contrat eft-il bientôt fini ?

LE DOCTEUR.

Oui, oui, appellez-là.

PANTALON.

Hola, hô, Camille, Camille.

SCENE VI.

PANTALON, LE DOCTEUR, CAMILLE.

CAMILLE.

Qu'est-ce qu'il y a pour votre service, Monsieur Pantalon ?

PANTALON.

Ecoute, écoute ce que va te dire Monsieur le Docteur. Docteur, parlez-lui un peu, je vais faire ce que nous sommes convenus. (*Le Docteur se leve, & Pantalon écrit*).

LE DOCTEUR.

Ah ça, ma chere Mademoiselle Camille, vous savez que Monsieur Pantalon veut vous épouser.

CAMILLE.

Ah, que me dites-vous là Monsieur le Docteur ?

LE DOCTEUR *tirant Camille à part.*

Ecoutez-moi ; Arlequin m'a tout dit , & je veux vous servir, puisque vous l'aimez. Monsieur Pantalon fait un billet de ce qu'il vous doit , qu'il va vous donner, ne manquez pas de le prendre.

CAMILLE.

Oh , sûrement.

LE DOCTEUR.

Quand il fera queftion de figner le contrat, ne vous mettez pas en peine. Arlequin entrera ici déguifé en chien ; il s'attachera à Monfieur Pantalon, qui voudra le chaffer.

CAMILLE *riant.*

Fort bien.

PANTALON.

Elle rit ; convient-elle, Docteur ?

LE DOCTEUR.

Oui, oui, ne vous embarraffez pas.

PANTALON.

Je compte bien fur vous.

LE DOCTEUR.

Et vous avez raifon ; (*à Camille bas*). Arlequin faifant femblant de vouloir mordre Monfieur Pantalon, je dirai que c'eft un chien enragé ; il aura peur, il ira s'enfermer, vous aurez pris le billet, & vous vous en irez avec Arlequin. Faites feulement femblant de confentir.

CAMILLE, *haut.*

Ah ! Monfieur le Docteur, c'eft bien de l'honneur que Monfieur Pantalon me fait ; mais c'eft-il bien vrai ?

PANTALON.

Oui, ma chere Camille, je ferai enchanté d'être ton mari ; feras-tu auffi contente que moi?

CAMILLE.

Ah ! je vous réponds que je le ferai bien plus encore.

LE DOCTEUR.

Tenez, Mademoiſelle Camille, voilà un billet de douze cents livres que Monſieur Pantalon vous donne en préſent de nôces. (*Il lui donne le billet.*)

PANTALON.

Vous êtes bien preſſé, Docteur.

DOCTEUR.

Un peu plutôt, un peu plus tard, n'eſt-ce pas la même choſe ?

CAMILLE.

Je vous remercie bien, Monſieur Pantalon.

PANTALON.

A préſent, il faut ſigner le contrat.

LE DOCTEUR.

Je m'en vais le lire.

SCENE VI.

**PANTALON, LE DOCTEUR, CAMILLE,
ARLEQUIN,** *en chien barbet.*

ARLEQUIN, *abboyant.*

Ouac, ouac, ouac, ouac.

PANTALON.

Qu'eft-ce que c'eft que ce vilain chien-là ?

ARLEQUIN.

Ouac, ouac, ouac, ouac.

PANTALON.

Camille, faites fortir d'ici ce chien.

ARLEQUIN.

Ouac, ouac, ouac, ouac. (*Allant du côté de
Pantalon.*)

CAMILLE.

Allons, tirez d'ici, vilain.

ARLEQUIN, *tenant la robe de Pantalon, gron-
de & grince les dents.*

Hom, hom, hom, hom,

PANTALON.

Docteur, Camille, faites-le donc lâcher ma robe.

LE DOCTEUR, *regardant le chien, & s'éloignant.*

Ah ciel!

PANTALON.

Où allez-vous donc , Docteur ?

LE DOCTEUR.

Prenez garde à vous ; c'est un chien enragé.

PANTALON, *mourant de peur.*

Un chien enragé !

LE DOCTEUR.

Oui, vraiment. (*Ils courent tous les trois pour s'enfuir. Arlequin suit toujours Pantalon en aboyant.*

ARLEQUIN.

Ouac , ouac , ouac , ouac. (*Pantalon après avoir fait deux ou trois tours , va s'enfermer.*)

SCENE VII.

LE DOCTEUR, CAMILLE, ARLEQUIN.

LE DOCTEUR.

CAMILLE, vous avez le billet ?

CAMILLE.
Oui, Monsieur le Docteur.

LE DOCTEUR.
Allez, allez-vous-en avec Arlequin.

ARLEQUIN.
Ouac, ouac, ouac, ouac, (*s'en allant avec
Camille. Le Docteur les suit.*)

SCENE VIII.

PANTALON *entr'ouvre la porte, & ne voyant
rien, il rentre.*

LE chien s'en est allé apparemment. Je n'entends rien. (*Il avance.*) Où est Camille ? pourvu
qu'elle n'ait pas été mordue. Ah ! voilà le Docteur.

SCENE DERNIERE.

PANTALON, LE DOCTEUR.

PANTALON.

Hé bien, Docteur, Camille n'a-t-elle pas été mordue ? où est-elle ?

LE DOCTEUR.

Il n'y faut plus penser.

PANTALON.

Comment ! est-elle mordue, morte ?

LE DOCTEUR.

Non ; mais le chien enragé …

PANTALON.

Hé bien ?

LE DOCTEUR.

C'étoit Arlequin.

PANTALON.

Comment Arlequin ?

LE DOCTEUR.

Oui, il y a eu hier un chien enragé dans le quartier : c'est ce qui m'a trompé. On l'a tué, & Arlequin avoit pris sa peau pour le contrefaire, & vous faire peur.

PANTALON.

Et qu'eſt devenue Camille ?

LE DOCTEUR.

Il l'a enlevée.

PANTALON.

Et elle avoit le billet ?

LE DOCTEUR.

Oui vraiment.

PANTALON.

C'eſt vous qui êtes cauſe de tout cela.

LE DOCTEUR.

Moi ?

PANTALON.

Sûrement.

LE DOCTEUR.

Hé bien , n'êtes-vous pas trop heureux ? je vous ai empêché d'épouſer votre ſervante , & c'eſt toujours la plus grande ſottiſe qu'un homme puiſſe faire.

PANTALON.

Ah ! cela eſt bien aiſé à dire ; mais quand on eſt amoureux ?

LE DOCTEUR.

Allez , allez , dans peu de temps , loin de m'en vouloir , vous me remercierez.

PANTALON.

PANTALON.

Je le souhaite.

LE DOCTEUR.

Adieu, Monsieur Pantalon.

PANTALON.

Adieu, Monsieur le Docteur. (*Il soupire.*) Ah!

LES
BRACONNIERS.

CENT TROISIEME PROVERBE.

PERSONNAGES.

THIBAUT,
GUILLOT, } *Paysans braconniers.*
LA RENTRÉE, *Garde-chasse.*

La Scene est dans un Bois.

LES BRACONNIERS.

PROVERBE.

SCENE PREMIERE.

GUILLOT, THIBAUT.

THIBAUT.

J'AI bien peur que nous ne trouvions plus rien aujourd'hui.

GUILLOT.

Je ne sais pas où s'est fourré le gibier ; il devient diablement malin.

THIBAUT.

Ton lievre est-il fort ?

GUILLOT.

Mais pas mal.

Z 3

THIBAUT.

Voyons-le.

GUILLOT, *lui montrant un lievre.*

Il est bien rablé.

THIBAUT.

Oui , il y aura de quoi faire un bon civet.

GUILLOT.

Tu devrois toujours lui ôter sa peau. Il viendra peut-être encore quelque chose pendant ce temps-là.

THIBAUT.

Et si ce diable de garde alloit me surprendre ?

GUILLOT.

De quoi as-tu peur ?

THIBAUT.

Il est vrai que nous sommes deux.

GUILLOT.

Allons, assis-toi au pied de cet arbre-là, & travaille.

THIBAUT.

Je n'ai pas de coûteau.

GUILLOT.

Voilà le mien.

THIBAUT.

Tu feras donc sentinelle ?

GUILLOT.

Oui, oui. Attends, il me vient une idée : je vais monter fur cet arbre-là ; & fi la Rentrée vient, ne crains rien ; j'y ferai à l'affut du garde & du gibier.

THIBAUT.

Eh bien, à la bonne heure.

GUILLOT.

Tiens, aide - moi. (*Il monte fur l'arbre.*) M'y voilà. Allons , travaille. Mets ton fufil à côté de toi.

THIBAUT.

Tu m'avertiras ?

GUILLOT.

Oui, oui.

THIBAUT.

Allons , allons , cela fera bientôt fait. (*Il dé-pouille le lievre.*)

GUILLOT.

J'entends quelqu'un.

THIBAUT.

Qu'eft - ce que c'eft ?

GUILLOT.

Je crois que c'eft la Rentrée.

THIBAUT.

Tout de bon ? Je m'en vais.

GUILLOT.

Pourquoi cela, ne ferai-je pas fur lui à bout portant ?

THIBAUT.

Oui ?

GUILLOT.

S'il me voit, il n'approchera pas ; & s'il ne me voit pas, tu n'as rien à craindre,

THIBAUT.

Je t'entends.

GUILLOT.

Travaille tranquillement.

THIBAUT.

Ne t'embarraffe pas.

GUILLOT,

Le voilà qui approche.

THIBAUT,

C'eft bon, c'eft bon.

SCENE II.

LA RENTRE'E, THIBAUT, GUILLOT *sur l'arbre, couchant en joue la Rentrée.*

LA RENTRE'E.

Aʜ, ah, vous voilà bien tard ici, Thibaut.

THIBAUT.

Oui, je prends l'air. Il a fait bien chaud aujourd'hui.

LA RENTRE'E.

Pas mal. Vous avez là un beau lievre ?

THIBAUT.

Trouvez-vous ?

LA RENTRE'E.

Oui, il me paroît fort.

THIBAUT.

Cela fera un bon civet, n'eſt-ce pas ?

LA RENTRE'E.

Oh sûrement.

THIBAUT.

Vous devez bien en manger vous ; car vous en confiſquez beaucoup, n'eſt-ce pas ?

LA RENTRE'E.

Mais quelquefois. (*Il prend le fufil de Guillot.*)
Vous avez là un fufil qui doit être bon.

THIBAUT.

Mais il n'eft pas mauvais.

LA RENTRE'E.

Il eft à deux coups ?

THIBAUT.

Sans doute.

LA RENTRE'E.

Vous devez abattre bien du gibier avec cela ?

THIBAUT.

Mais pas mal.

LA RENTRE'E.

Je ne ferois pas fâché de l'avoir.

THIBAUT.

Ah ! vous en avez de meilleurs, vous,

LA RENTRE'E.

Non, pas trop.

THIBAUT.

Bon ! comme vous vous gauffez de nous ;
avec le vôtre, eft-ce que vous ne prenez pas
du gibier & des hommes ?

LA RENTRE'E.

Ah ! quelquefois. Aurez-vous bientôt fini avec
votre lievre ?

THIBAUT.

Oui, cela va être fait dans le moment.

LA RENTRE'E.

C'eſt bon. Et avec qui comptez - vous le manger ?

THIBAUT.

Avec Guillot, qui eſt ici près.

LA RENTRE'E.

Guillot ?

THIBAUT.

Oui, il va venir me reprendre.

LA RENTRE'E.

Ici ?

THIBAUT.

Tout à l'heure.

LA RENTRE'E *regarde autour de lui, & il voit le bout du fuſil de Guillot, & Guillot ſur l'arbre.*

En ce cas-là, vous n'avez pas beſoin de moi.

THIBAUT.

Pourquoi ? plus on eſt de foux, plus on rit.

LA RENTRE'E.

Oui ; mais je dis, c'eſt que vous ne devez pas avoir peur en vous en revenant.

THIBAUT.

Oh non, je ne crains rien.

LA RENTRE'E.

Allons, je vais remettre là votre fufil.

THIBAUT.

Pourquoi? prenez-le.

LA RENTRE'E.

Oh non, je fuis accoutumé au mien.

THIBAUT.

Dame, écoutez donc, s'il vous fait plaifir ...

LA RENTRE'E.

Pas abfolument, je ne m'en foucié plus. Allez-vous chaffer encore ?

THIBAUT.

Je ne fais pas; comme Guillot voudra : s'il
veut tirer un coup de fufil, je ne demande pas
mieux.

LA RENTRE'E.

Pas aujourd'hui ?

THIBAUT.

Pourquoi ? je crois qu'il ne feroit pas mal ;
voilà le moment.

LA RENTRE'E.

Eh bien, quand je n'y ferai plus ; il ne faut
pas que je fois préfent ; vous entendez bien ?

THIBAUT.

Vous êtes bien bon homme, aujourd'hui.

LA RENTRE'E.

Mais quand je fais autrement ce n'eſt pas ma faute : car je ſais bien qu'il faut vivre avec les vivants.

THIBAUT.

Oui ; car les morts ne valent pas le diable , n'eſt-ce pas ?

LA RENTRE'E.

Non , non. Ah çà, je vous donne le bon ſoir.

THIBAUT.

Où allez-vous comme cela ?

LA RENTRE'E.

Oh , je vais bien loin d'ici.

THIBAUT.

Allons , je vous ſouhaite un bon voyage.

LA RENTRE'E.

Adieu , adieu , Thibaut.

SCENE III.

GUILLOT, THIBAUT.

GUILLOT, *descendant de dessus l'arbre.*

Tu vois bien que tu n'avois rien à craindre ?

THIBAUT.

Ah pardi, il a eu une fiere peur. Il t'avoit donc vu ?

GUILLOT.

Je t'en réponds ; je touchois presque à son chapeau avec mon fusil.

THIBAUT.

Tout de bon ?

GUILLOT.

Ah parbleu, je te réponds que s'il avoit raisonné, je ne l'aurois pas manqué.

THIBAUT.

Je ne m'étonne pas s'il a filé si doux. Il croyoit d'abord me tenir dans ses filets.

GUILLOT.

Oui, il vouloit faire le gouailleur. Allons, allons-nous-en ; car il pourroit bien revenir avec deux ou trois autres gardes.

THIBAUT.

Eh bien, passons par là-bas ; nous aurons bientôt sauté le fossé, & nous ne les craindrons pas.

GUILLOT.

Allons, allons, leve-toi.

THIBAUT.

Me voila prêt.

GUILLOT.

Prends ton fusil, & marchons. (*Ils s'en vont.*)

F I N.

EXPLICATION

DES PROVERBES

Contenus dans ce Volume.

93. *On s'amuse comme on peut.*

94. *Chacun joue de son reste.*

95. *Le hasard sert mieux que la science.*

96. *Ce qui tombe dans le fossé, c'est pour le soldat.*

97. *A tout bon compte on peut revenir.*

98. *Qui trop embrasse, mal étreint.*

99. *Il ne faut pas mesurer tout le monde à son aulne.*

100. *Le fort emporte le foible.*

101. *Les jours se suivent, & ne se ressemblent pas.*

102. *A vieux chat jeune souris.*

103. *Fin contre fin, n'est pas bon à faire doublure.*

Fin du huitieme Volume.

Errata du Tome huitieme.

Page 48, ligne 21, *après* Trotas doit venir en ces lieux, *ajoutez*, Par lui, par ses conseils, nous devons nous conduire,
A l'art de tout prévoir, il joint l'art de séduire.
Pag. 68, ligne 20, j'y vais, vais, *lisez*, j'y vais, j'y vais.
Pag. 139, Villebon, *lisez*, Valbon.
Pag. 154, lig. 19, si j'avois su que vous aimiez, *lisez*, si j'avois su qui vous aimiez.
Pag. 168, ligne 22, je ne voudrois, *lisez*, je ne devrois.
Pag. 170, ligne 7, il y en a, *lisez*, il en a.
Pag. 240, ligne 23, la Marquise, *lisez*, la Baronne.
Pag. 249, ligne 19, pensée. *lisez*, pensée,
Pag. 257, lig. 4, fâché, *lisez*, fâchée.
Pag. 302, ligne 6, Duverdeier, *lisez* Duverdier.
Pag. 308, ligne 9, fin, *lisez* fier.
Page 324, ligne 7, bouchere, *lisez* boucherie.